GÜTERSLOHER
VERLAGSHAUS

Gütersloher Verlagshaus. Dem Leben vertrauen

Jörg Zink

Wer glaubt, kann vertrauen

Eine Einführung in den christlichen Glauben

Gütersloher Verlagshaus

Bibliografische Information Der Deutschen Bibliothek
Die Deutsche Bibliothek verzeichnet diese Publikation in der Deutschen Nationalbibliografie; detaillierte bibliografische Daten sind im Internet über http://dnb.ddb.de abrufbar.

2. Auflage 2006

Umschlaggestaltung: schwecke.mueller Werbeagentur GmbH, München,
unter Verwendung eines Aquarells von Andreas Felger,
© Präsenz Kunst & Buch, Gnadenthal, 65597 Hünfelden,
www.af-kulturstiftung.de
Druck und Einband: GGP Media GmbH, Pößneck
Printed in Germany
ISBN-13: 978-3-579-06856-5
ISBN-10: 3-579-06856-3

www.gtvh.de

Inhalt

I.
Wie und wo fangen wir an?

II.
Was meinen wir, wenn wir von Gott reden?

III.
Dieser Gott erschafft noch täglich die Welt

IV.
Woher wir den Mut nehmen

V.
Wir haben etwas zu tun

VI.
Vor uns das Leben

I.

Wie und wo fangen wir an?

Wenn wir glauben – was haben wir davon?

Wissen Sie etwas, verehrte Leserin, lieber Leser, das nicht abgeht, wenn Sie daran kratzen? Das nicht zusammenbricht, wenn Sie daran rütteln? Gibt es einen Boden, der nicht einbricht, wenn Sie darauf treten? Etwas, an dem Sie sich festhalten können, wenn alles ins Rutschen kommt?

Der christliche Glaube tritt von jeher mit dem Anspruch auf, er sei dieses Feste, dieses Verlässliche. Wir könnten uns der Richtung anvertrauen, in die er uns führt. Wir könnten das Ziel ins Auge fassen, das er uns zeigt. Was er uns über das Leben und seinen Sinn sagt, sei wahr. Und wir könnten ihn verstehen, soweit unsere menschlichen Gedanken überhaupt fähig seien, in die Rätsel unseres Daseins einzudringen.

Das ist heute deutlich und selbstverständlich: Es gibt nichts, über das wir nicht nachdenken dürften. Auch am christlichen Glauben gibt es nichts dieser Art. Wir müssen nichts schlucken, das wir nicht gekaut haben. Wollen wir den Glauben verstehen, so müssen wir ihn prüfen. Wir werden dabei bemerken, dass wir immer ein Stück weiter-

denken müssen, als unsere Gedanken uns tragen wollen. Das heißt, dass es immer auf ein Denken ankommt, das von einem Vertrauen gehalten ist, wenn wir uns dem nähern wollen, was für uns wirklich wichtig ist.
Ich kann mir denken, dass Ihnen unbehaglich wird, wenn einer von »Glauben« spricht, und dass Sie sagen: Ich halte mich an das, was ich weiß. Glauben sei zu unsicher. Aber was heißt denn glauben? Es heißt ja nicht, dass einer etwas Unvernünftiges für vernünftig hält, weil er seinen Verstand nicht gebrauchen will. Es heißt nicht, dass er etwas Ungenaues hinnimmt, weil er nicht genau denken will. Es heißt vielmehr, dass er weiterdenkt, wenn andere zu denken aufgehört haben.

Es heißt nicht, dass er von einer jenseitigen Welt träumt, weil er mit der diesseitigen nicht zurecht kommt. Es heißt vielmehr, dass er nach dem Ganzen von Diesseits und Jenseits sucht, dass er also zusammenbringen will, was er sieht und was er nicht sieht. Es heißt nicht, dass er sich an Meinungen von gestern klammert, weil ihm die heutige Welt Schwierigkeiten macht. Es heißt aber wohl, dass er nicht meint, wir Heutigen müssten alle Wahrheit erst erfinden, sondern dass er ernst nimmt, was Menschen vor uns gedacht haben, und zugleich aufnimmt, was heute gedacht werden muss.

Wer glaubt, kann vertrauen, auch wo er nichts sieht. Er ist seiner Sache gewiss, auch wenn er keine Beweise hat. Er sieht offenen Auges in eine wirre Welt und weiß dabei, dass er geführt wird. Er vertraut darauf, dass ihm sein

Leben gelingt, auch wenn er das nicht erzwingen kann. Der Glaube ist nicht der Traum, der ihm das Leben leichter macht, sondern die Grundlage für ein Leben, das diesen Namen verdient.

*

Vielleicht erleben Sie irgendwann, dass Ihnen Mächte gegenüberstehen, die Sie erbarmungslos im Griff haben. Politische oder wirtschaftliche, bekannte oder unbekannte, denen Sie nichts entgegenzusetzen haben. Glauben heißt dann, wissen, dass es in dieser Welt eine Macht gibt, ihnen allen überlegen. Es heißt dann, in den Schutz dieser Macht treten, die wir Gott nennen.
Vielleicht erleben Sie auch, dass Ihnen alles zwischen den Fingern zerrinnt, was Sie sich erhofft haben. Dass Ihnen alles misslingt, was Sie doch so gut gemeint hatten. Glauben heißt, darauf vertrauen, dass es neue Anfänge gibt, auch für ein gescheitertes Leben.

Glauben heißt, einen Weg gehen und dabei Erfahrungen machen. Es heißt, an solchen Erfahrungen festhalten. Es heißt auch, auf einen zurückgelegten Weg dankbar zurückschauen können. Mit Zuversicht auf einen neu beginnenden Weg vorausblicken. Es heißt, den ganzen Verlauf eines Lebens in einer guten Hand bewahrt wissen. Es heißt, sich von Sorgen und Ängsten nicht den Mut abkaufen lassen. Auch Leichtigkeit bewahren und Humor, wenn Sie sich fragen, was denn groß und klein, was wichtig und was unwichtig sei. Lassen Sie uns

also nachfragen, wie denn all dies gewonnen werden könne.
Jeder Mensch, auch wenn er sagt, er komme ohne Religion aus, hat irgendeine Religion – sofern er überhaupt über das Leben nachdenkt. Wenn Ihnen aber jemand eben dies sagt, er komme ohne Religion aus, so geben sie ihm Recht. Er hat vermutlich eine Religion, ohne die man auskommen kann. Denn wenn einer behauptet, er glaube nichts, so täuscht er sich. Niemand lebt von dem, was er sehen und beweisen kann. Niemand kann etwas planen oder tun, wenn er nicht glauben will, die Zukunft werde so sein, dass er seine Pläne ausführen kann. Niemand kann einen Menschen lieben, wenn er nicht glauben will, denn der andere kann ihm auf keine Art beweisen, dass er seine Liebe ernst meint. Es gibt keine Liebesbeweise. Wer nicht glauben will, kann mit keinem Menschen zusammen leben oder zusammen arbeiten. Er muss von Tag zu Tag auf seine Verlässlichkeit vertrauen. Wer morgen etwas tun will, glaubt, dass er morgen noch lebt. Eine Welt aber, die so ist, dass mir niemand glaubt, es sei wahr, was ich sage, und es sei ehrlich gemeint, was ich tue, ist die Hölle.

*

Wichtiger als alles noch so genaue Wissen ist etwas anderes. Mir jedenfalls ist wichtig, ob in uns etwas Lebendiges ist. Ob sich in uns etwas sehnt. Ob wir noch Träume haben. Ob in uns noch ein Feuer brennt. Ob unsere Seele Flügel hat. Ob wir uns freuen, ob wir staunen, ob wir von Herzen an etwas teilnehmen können. Ob Freiheit in uns

ist. Und ob wir fähig sind, praktische Konsequenzen aus dem zu ziehen, was uns wahr zu sein scheint.
Ein Seiltänzer führte, hoch über den Köpfen der Leute, seine atemberaubenden Kunststücke vor. Die Zuschauer waren begeistert. Einmal blieb er auf dem Seil stehen und rief: »Glaubt ihr, dass ich eine Schubkarre nehmen kann, einen Mann hineinsetzen und ihn sicher über das Seil schieben bis an die andere Seite?« – »Ja! Ja!«, riefen die Leute. Da rief der Seiltänzer einem Mann zu, der besonders begeistert Ja gerufen hatte: »Sie da! Kommen Sie herauf! Kommen Sie, Sie sollen mit mir über das Seil fahren!« Der wurde bleich. »Nein! Nein! Ich nicht. Das ist etwas anderes!«

»Das ist etwas anderes.« Wenn ich Jesus höre, so sagt er: »Nicht die werden glücklich sein, die ›Ja‹ rufen, sondern die, die das Wagnis eingehen.« Machen Sie einen Versuch.

*

Was Sie nun in diesem Buch lesen, ist keine Glaubensvorschrift. Es ist nur der Versuch, so knapp es möglich ist, zu sagen, was der christliche Glaube für mich selbst durch ein langes Leben hindurch bedeutet hat und noch bedeutet. Es ist nur der Versuch, Ihnen zu helfen, dass Sie Ihren eigenen Weg und Ihren eigenen Glauben finden. Sagen Sie ruhig auf jeder Seite, die Sie lesen: Das sehe ich anders. Aber denken Sie danach geduldig und genau weiter nach über das, was für Ihren eigenen Glauben grundlegend ist. Vielleicht wollen Sie am Ende das ganze Buch so umschreiben, wie es für Ihren Kopf und für Ihr Herz lauten muss. Denn nur auf die Wahrheit, die Gott Ihnen selbst eröffnet, können Sie Ihren Glauben gründen. Und nur sie und nicht, was ein anderer Mensch Ihnen sagt oder was eine Kirche lehrt, kann Ihnen helfen, Ihr eigenes Leben zu bestehen.

Alles beginnt mit dem Mann aus Nazaret

Wenn wir schon glauben wollen – wer steht dafür gerade, dass es wahr ist, was wir glauben? Dass es nicht unsere Phantasie ist, unsere Wunschvorstellungen, unsere Träume, was wir danach unseren Glauben nennen? Fest scheint mir zu stehen: Was wir über Gott und die Welt, über Himmel und Erde, über unsere Zukunft und den Sinn unseres Daseins glauben wollen, können wir nicht selbst und nicht allein erfinden. Wer das meint, überschätzt sich. Wir können noch so viel wissen, dafür wird es immer zu wenig sein. Wir können über Gott nicht einmal sagen, ob es ihn gibt oder nicht. Dafür müssten wir einen anderen Geist besitzen als den wir haben. Was wir uns an der Grenze zu den unsichtbaren Dingen, zu den hintergründigen Kräften unserer Welt ausdenken, wird immer schmal, einseitig, ungenau und wahrscheinlich falsch sein.

Wir bringen uns nicht selbst zur Welt. Wir erhalten uns nicht selbst am Leben. Wir lernen fast alles, was wir können müssen, von anderen. Was wir denken, knüpft beinahe immer an Gedanken an, die andere vor uns gedacht haben. Woher also nehmen wir die Gedanken, mit denen

wir unserem eigenen Glauben auf den Grund gehen wollen?
Das Christentum hat an vielen Stellen Ähnlichkeit mit anderen Religionen. Das Eine, auf das es ankommt, das Eine, das seine Besonderheit ausmacht, ist eine schmale, einsame Gestalt der Geschichte. Die Gestalt des einfachen Wanderpredigers aus dem galiläischen Nazaret: Jesus. Das wird auch von der Sensationspresse unserer Tage mit Recht so gesehen. Unendlich viel wird über ihn geschrieben, diskutiert, gemutmaßt oder behauptet. Eine Flut von Aufsätzen und Büchern geht über den Markt. Wer auch nur ein wenig Phantasie oder kaum etwas wie Sachkenntnis hat, schreibt irgendetwas Aufregendes über ihn, den Revolutionär, den Gammler oder Terroristen, über den Friedensschwärmer, den Esoteriker, den Guru, den »Mönch aus »Qumran«, oder auch über den Betrüger oder gar über die schlichte Erfindung Jesus, der gar nie gelebt habe. Kein Jahr vergeht, in dem uns nicht ein halbes Dutzend Bücher davon überzeugen möchte, nun sei endlich der Betrug aufgedeckt oder irgendeine infame Fälschung. Ganze Geröllhalden von Einfällen sind schon über ihn ausgeschüttet worden.
Vielleicht kann es uns heute ja gelingen, den Schutt abzuräumen so, dass die Gestalt jenes Jesus wieder deutlicher vor uns steht. Es hat wenig Sinn, jeder dieser »Enthüllungen« hinterher zu laufen und sie zu widerlegen. Aber es ist gut, wieder einmal selbst zu sehen, was wir über ihn wahrnehmen können, zuzuhören, was er gesagt hat, und dabei das eigene Nachdenken nicht zu vergessen.

Denn wenn wir uns fragen, was denn am Christentum, an der Kirche oder an unserem eigenen Glauben wichtig sei, können wir uns für die christliche Moral entscheiden oder für christliche Werte, für die soziale oder politische Mitarbeit der Kirche in der Öffentlichkeit, für ein Dogma oder für ein geistliches Amt, für die Bibel oder für die Meinung irgendeines wichtigen Mannes der Geschichte. Aber wir werden dabei bemerken, dass das Zentrum alles christlichen Glaubens oder Nachdenkens und der Ursprung seiner Bedeutung in der einsamen Gestalt jenes Jesus von Nazareth liegen und dass sich an ihm alles zu orientieren hat, was christlich heißen will.

Er aber verstand sich als einen Hinweis. Als einen, der auf Gott hinzeigt. Was er gesagt hat, hat er gesagt, um hörbar zu machen, was Gott spricht. Was er getan hat, hat er getan, um zu zeigen, wie Gott wirkt. Seinen Lebensweg ging er, um zu zeigen, wie ein Mensch ihn geht, der sich von Gott geführt weiß. Und wir nehmen es ihm ab, weil er uns überzeugt, dass er mehr von Gott weiß und tiefer in die Wirklichkeit dieser Welt blickt als wir. Wir verlassen uns auf seine Vollmacht. Wir verlassen uns darauf, dass er von Gott beauftragt ist, und nennen ihn darum den »Christus«, das heißt den Bevollmächtigten Gottes.

Für das, was er von Gott sagte, stand er bis zu seinem Tod ein. Von den Frommen unter seinen Zeitgenossen ertrugen viele ihn und seine Botschaft nicht. Er stand ihnen gegenüber, ohne sich zu wehren, und wurde von ihnen getötet. Was er litt, kommt uns zugute. Denn angesichts seines Todes können wir glauben, dass Gott uns nahe bleibt, auch wenn wir geängstet und verzweifelt sind, verlassen oder schuldig, und am Ende, wenn wir sterben.

Von dem, was Jesus von Gott sagte, spricht seine Auferstehung, nämlich davon, dass Gott der Lebendige ist und lebendige Menschen will. Die ersten Christen machten die Erfahrung, dass ihnen Jesus nach seinem Tode lebendig entgegentrat. Wir hoffen also auf ein neues Leben für uns selbst, weil uns Jesus diesen Weg durch den Tod hindurch vorausgegangen ist. Wir wagen es mit dem lebendigen Gott, weil eben Jesus es mit ihm gewagt hat.

Jesu Leben, sein Tod, seine Auferstehung werden uns zu Mustern unseres Weges. An ihm wird zuletzt gemessen, was unser Tun und Leben wert gewesen sind. Was vor ihm standhält, hält wirklich stand. Was vor ihm sich als Schein, als Fassade oder als Irrtum erweist, ist endgültig vertan.

Was ich hier zeigen will, ist das Bild von Jesus, das sich mir im Lauf eines langen Lebens als glaubwürdig erwiesen hat. Dabei interessiert mich zwar, was wir uns am Beginn dieses neuen, kleinen Jahrhunderts ausdenken, aber mehr noch, was unabhängig von unserer Epoche gilt und was mir beständiger und haltbarer scheint als unsere kurzatmigen Einfälle. Ich meine auch, das Leben habe Rätsel und Mühen genug, und möchte mir nicht vornehmen, alles, was mir hilft, es zu bestehen, von meinen eigenen Kräften und Gedanken zu erwarten. Ich meine, es sei Streit und Hass und Krieg genug in der Welt und in mir selbst, und möchte den Frieden gerne annehmen, den mir Jesus eröffnet. Ich meine, es sei genug der Irrwege, die Menschen um mich her gehen und in die ich mich selbst verlieren könnte, und nehme gerne den Weg an, den er mir zeigt.

Was sehen wir Jesus tun?

Ich sehe also Jesus vor mir. Mit einer Gruppe von Frauen und Männern zog er durch das Land, in dem er zu Hause war, durch den Norden Israels. Er ging in den Dörfern auf die Menschen zu, in den Hütten und auf den Straßen. Er redete mit ihnen, aß mit ihnen, zeigte ihnen Wege, sprach mit ihnen über ihre Mühsal und die Nöte ihres bedrückten Lebens. Er zeigte ihnen, wer Gott sei, und was er für sie tue. Er war ein Mensch wie andere Menschen, also ein von Gott geliebtes, ein zur Liebe fähiges Wesen.

Wenn er die Menschen sah, so wird erzählt, taten sie ihm leid, denn sie waren verlassen und zerstreut, verhungert und heruntergekommen »wie Schafe, die keinen Hirten haben«. Er sah sie krank. Er sagte nicht: Die Krankheit muss sein, sondern er heilte die Krankheit. Er nahm Gelähmte an der Hand und richtete sie auf. Er sah sie krank an ihrer Seele, zerstörenden Mächten ausgeliefert, beherrscht von dunklen Gewalten, und machte sie frei. Das ist das Erste. Es gehört zum Sichersten, was wir über ihn wissen: dass er als Heiler tätig war.

Er trat für die Würde der Menschen ein gegen die, die sie mit Füßen traten. Er stellte sich auf die Seite der Ärmsten gegen alle soziale Ordnung und gegen alle religiöse Überforderung, gegen Gewalt und Rechthaberei. Er widerstand aller Resignation in seinem armen, besiegten, besetzten, ausgebeuteten Land.

Er sah sie mit sich selbst zerfallen, mit sich selbst im Streit, in Verfestigungen verstrickt, ihrer Schuld und ihrem Versagen ausgeliefert, unfähig zum Frieden mit sich selbst und anderen und unfähig zum Frieden mit Gott. Er nahm ihre Schuld von ihnen, die Angst vor der Vergangenheit und die Angst vor der Zukunft, die Angst vor den irdischen Richtern und die Angst vor der Strafe Gottes, und er gab ihnen neue Anfänge.

Er sah die vielen Aufgegebenen, die hoffnungslosen Fälle, von denen die Gerechten und Geordneten nichts mehr erwarteten, und sprach von der Neugeburt schon erledigter Menschen aus der schöpferischen Güte Gottes. Wer zu ihm kam, brauchte nicht nachzuweisen, dass er sich geändert habe. Er erhielt die Freiheit, sich zu ändern, und wenn er ging, wurde er mit dem Wort entlassen: »Geh hin in Frieden!« Beende nun allen Krieg. Gott hat allen Unfrieden beendet, nun beende auch du ihn dir selbst gegenüber und den anderen. Denn du hast, wenn du mit mir sprichst, in Wahrheit mit Gott zu tun. Wenn ich dich annehme, darfst du glauben, dass Gott dich angenommen hat. Nun nimm dich auch selbst an. Wie solltest du deinen Nächsten lieben können wie dich selbst, solange du gegen dich selbst Krieg führst?

*

Jesus lebte nicht für seinen Erfolg. Er stand zu den Menschen, die ihn brauchten, auch als er sah, dass er gegen die etablierten Autoritäten nichts ausrichtete. Er kämpfte gegen die Selbstgerechtigkeit der Frommen, wo immer er sie antraf, gegen die Erstarrung der Verhältnisse und gegen die Heuchelei rundum. Er löste die Menschen aus ihren Sorgen, gab ihnen Augen für die Not der anderen und den Willen, ihnen zu helfen. Er zeigte ihnen eine große Zukunft: das Reich der Vollendung und des endlich durchgesetzten Rechts: das »Reich Gottes«.

Wenn wir ihn, den Menschen Jesus, sehen, wird uns zugleich deutlich, wer Gott ist. Denn was er tat, tat er so, dass den Menschen ein Bild des gütigen Gottes vor Augen stand, wenn sie ihn sahen. Er war der Bürge für das, was er über Gott und von Gott her zu ihnen sagte. Und das galt bis in seinen Tod, den er um dieser Bemühung für die Menschen willen auf sich nahm.

Aber warum musste Jesus sterben? Wir können sagen: Was er wollte, war neu. Es passte nicht in die Welt. Autoritäten fühlten sich entmachtet. Traditionen sollten nicht mehr gelten. Ordnungen waren aufgehoben, also rächten sich die Herrschenden. Wir können sagen: Jesus musste sterben, weil er nicht verstanden wurde. Oder: Er musste sterben, weil er verstanden wurde. Er musste sterben, weil die Welt so ist, wie sie ist. Weil das Menschenherz so ist, wie es ist. Weil die Macht des Bösen so ist, wie sie ist.

Jesu suchte aus seiner Nähe zu Gott die Nähe zu den Menschen und stand zu ihnen. Als es gefährlich wurde, entzog er sich nicht, sondern er stand zu dem, was er gesagt und getan hatte. Mit seinem Tod besiegelte er: Was ich gesagt habe, gilt. Dass Gott euch liebt, dafür sterbe ich.

Aber hinter seinem Tod stand auf rätselhafte Weise der Wille Gottes. Es geht, wie immer wir das deuten wollen, allemal um die Aussöhnung zwischen Gott und unserem Widerspruch. Nach diesem Tod dürfen wir sagen: Es ist alles gut zwischen Gott und uns. Warum das so ist, das haben Christen in allen Jahrhunderten immer wieder anders gedeutet. So sprachen sie von Stellvertretung. Aber was das wirklich ist, konnte niemand begreiflich machen. Es bleibt das Geheimnis zwischen Jesus und Gott. Aber hier eigentlich wurzelt unser Glaube.

*

Was die Bibel über Jesus berichtet, über sein Leben und Wirken, über seinen Tod und seine Auferstehung und über das, was uns all das bringt, das nennen wir das »Evangelium«, die »freundliche Anrede« oder die »gute Botschaft«. Was also sagt mir heute dieses Evangelium?

Und was bedeutet es heute für dich und mich?

Jesus sagt: Du bist von dem Augenblick an, in dem du, was damals geschehen ist, in dich aufnimmst, ein freier Mensch. Du bist frei, weil du auf einem festen Boden stehst und dich nicht zu sichern brauchst. Ein Stärkerer hält dich.

Er sagt: Du bist unbedroht. Du brauchst dich nicht zu fürchten. Du kannst schwach werden, aber du brauchst nicht auf den eigenen Füßen zu stehen. Es kann dir alles genommen werden, aber nichts brauchst du krampfhaft festzuhalten. Alles, was für dein Leben notwendig ist, wird dir im entscheidenden Augenblick ungefährdet in der Hand liegen. Du kannst angegriffen werden, aber du brauchst dich nicht zu wehren. Es wird dir alles, von dem du wirklich lebst, zukommen wie ein Geschenk.

Er sagt: Du hast kein Urteil und keine Strafe zu fürchten. Es ist unendlich schwer, in dieser Welt und in den täglichen Verhältnissen das Richtige zu tun. Aber Gott verlässt dich auch nicht, wenn dir deine Verantwortung zu schwer wird. Es mag unmöglich sein, ein unschuldiges

Herz zu bewahren, aber Gott misst dich nicht an deiner Unschuld, sondern an deiner Liebe zu denen, die gleich dir schuldig sind.

Er sagt: Gott sieht dich. Er sieht in dich hinein. Aber nicht wie ein neugieriger Mensch, nicht wie ein Aufpasser oder Untersuchungsrichter. Ganz anders. Gott sieht dich wie einer, der dich sehr liebt. Es gibt aber keine klareren, keine schärferen Augen als die der Liebe. Die Liebe Gottes ist unbestechliches Wissen, das doch nicht verachtet, nicht beschämt. Weil Gott groß ist und weil seine Größe Liebe ist, darum hat es Sinn und ist es gut, dass er alles weiß.

Er sagt: Du sollst glücklich sein. Nicht für einen Augenblick, sondern auf die Dauer. Glück ist die Sorglosigkeit, die dort entsteht, wo du deine Sorge Gott anheim gibst. Es ist die Gelassenheit, die dort einkehrt, wo der Wille Gottes an die Stelle getreten ist, an der sonst dein eigener Wille sich durchsetzt. Glück ist das Vertrauen, dass das Gelingen deines Lebens nicht von dir abhängt, sondern dir geschenkt wird. Sorglosigkeit ist Glaube an den Reichtum der Freundlichkeit Gottes, sie ist die Weise zu leben, in der die ihr Leben zubringen, die sonst Grund hätten, sich zu sorgen.

Er sagt: Du bist gesegnet. Wenn Segen über einem Leben waltet, dann bedeutet das, dass es Sinn hat. Dass es gedeiht, dass es wächst. Es wirkt auf das Leben anderer Menschen befreiend, lösend, schützend. Es weckt Vertrauen. Es schafft Mut zu leben. Versuche glücken, Werke gelangen zur Vollendung. Am Ende bleibt so etwas wie Frucht. Die Arbeit zehrt das Leben nicht aus, sie ist Quelle eines sinnvollen Wirkens. Ein alternder Mensch, dessen Leben gesegnet ist, geht nicht zugrunde. Er reift. Er wird klarer. Er lebt gelassener. Und er stirbt am Ende, wie die Bibel sich ausdrückt, lebenssatt, das heißt so, wie einer von einer guten Mahlzeit aufsteht.

Er sagt zuletzt: Vor dir liegt ein Weg durch einen kurzen Abschnitt der Dunkelheit, aber der führt dich in ein neues, anderes Dasein. Dein Weg führt dich weder ins Nichts noch ins Unbekannte, weder in die Wirrnis noch in den ewigen Kreislauf. Er führt geradeaus in die Helle und in die Freiheit. In die Begegnung mit Gott. Jesus spricht von jener anderen Welt als vom »Reich Gottes«. Das brauchst du nicht herzustellen. Es kommt und nimmt dich auf, unabhängig von deinen Möglichkeiten, wie du auch den Sinn deines eigenen kleinen Lebens nicht zu machen brauchst, sondern empfängst.

II.

Was meinen wir, wenn wir von Gott reden?

Jesus nennt Gott den »Vertrauenswürdigen«, den »Vater«

Das Entscheidende, was Jesus uns zeigt, ist sein Bild von Gott. Er nimmt die uralten Erfahrungen seines Volkes auf und zeigt an sich selbst, was sie bedeuten. Er sagt so:

Wenn ich mit euch rede, so könnt ihr mich hören und verstehen. In meinem Wort aber redet nun Gott mit euch. Ihr könnt ihn verstehen. Wahrheit ist kein Traum. Ich zeige sie euch.

Ich lade euch an meinen Tisch. Wir essen miteinander. So vertraut darauf, dass ihr Gott willkommen seid und dass ihr zu seiner Tischrunde gehört.

Ich gebe eurem Leben mit dem, was ich euch sage, Richtung und Sinn. So vertraut darauf, dass Gott euch führt. Dass ihr euren Weg im Einvernehmen mit ihm gehen könnt. Dass er ein Ziel für euch hat.

Ich stehe vor euch als euer Menschenbruder. So vertraut darauf, dass Gott mein und euer Vater ist. Wie ihr mir vertrauen könnt, so vertraut auch ihm.

Ich höre, was ihr klagt. Ich will euch helfen. Vertraut darauf, dass Gott, von dem ich komme, euch hört und zu euch steht. Niemand kann euch wirklich helfen als er allein.

Ich heile eure Krankheiten. Ich tue das in Gottes Auftrag. So vertraut darauf, dass Gott euch heil und ganz sehen will an Leib und Seele. Und dass ihr eure aufrechte Gestalt finden werdet.

Ich stehe gegen die Arroganz der Reichen und der Mächtigen, auch wenn sie sich auf Gott berufen, oder wenn sie vorgeben, ihn auf dieser Erde zu vertreten. Ich schütze eure Würde, und ich tue das, weil Gott es tut.

Ich verlasse euch nicht. Vertraut darauf, dass Gott euch nicht verlässt, auch wenn tausendfach der Schrei aus euch herausbricht: Warum hast du uns verlassen?

Ich gehe in mein Leiden und Sterben für euch. Verlasst euch darauf, dass auch in eurer letzten Verlassenheit Gott euch nahe ist.

*

Was Jesus uns darüber hinaus zeigt, ist sein eigener Lebensweg. In einer Höhle oder einem Stall kam er zur Welt. In kleinen Verhältnissen wuchs er auf, lebte in seiner Heimat als ein Fremder, verfemt und verfolgt. Er hatte keinen Platz zum Schlafen, lebte arm und mittellos. Er stellte sich einer politischen Gerichtsbarkeit und verzichtete auf seine Freiheit, auf sein Recht, auf seine Unversehrtheit. Schließlich nahm er den Tod des Verbrechers, des Terroristen auf sich um der Botschaft willen, die er den Armen seines Landes gebracht hatte. »Wer mich sieht«, sagte er, »sieht den Vater.« Der Vater also ist nicht in erster Linie der Mächtige. Er ist der, der mit euch und in euch lebt und der mit euch leidet bis in den Tod hinein.

Ich möchte jedenfalls in meinen Glauben aufnehmen, was den Gästen und Hörern Jesu zugute kam: das Vertrauen in den Gott, den Jesus ihnen zeigte. Den Mut, den er in ihnen weckte, die Kräfte, die er ihnen gab, die Hoffnung, die er in ihnen schuf. Und ich habe Grund, das zu tun, weil seine Gestalt, sein Weg und sein Wort mit dem Bild Gottes übereinstimmen, das er verkündigt. Weil bei ihm alles eins ist. Zudem vertraue ich darauf, dass er mehr wusste als ich, dass seine feste innere Verbindung mit diesem Gott der Hintergrund seiner Reden war. Dass er in seiner Liebe und in seiner Unerbittlichkeit die Tür war für die, die wirklich nach Wahrheit suchten. Anders gesprochen: weil ich ihn für zuständiger halte als alle Weisen dieser Erde.

Wir reden von Gott in Bildern und Vergleichen

Es ist nicht einfach für uns zu verstehen, dass die Bibel von Gott so menschlich redet. Es ist ihr völlig selbstverständlich, dass Gott ein »Ohr« hat, also hört. Dass er »Augen« hat, also sieht. Dass er uns sein »Gesicht« zuwendet, dass er liebt und zürnt. Es »reut« ihn etwas, was er getan hat. Er beobachtet und urteilt: Er hat Hände. Er sitzt auf einem »Thron«. Er »spricht«. Die Bibel breitet von Gott ein ganzes Bilderbuch menschlicher Eigenschaften und Verhaltensweisen aus. Sie nimmt Figuren ihrer Umwelt und ihrer Zeit auf und nennt Gott einen »König« oder einen »Feldherrn« oder einen »Hirten«. Er steht uns bei wie ein guter Freund. Er tröstet wie eine Mutter.

Die Schwierigkeiten lösen sich leicht und einfach, wenn wir bedenken, dass die Bibel damit nicht Gott beschreibt, sondern schildert, was zwischen ihm und uns Menschen geschieht, wie die Beziehungen zwischen ihm und uns sich darstellen. Ebenso verfährt Jesus, wenn er Gott einen »Vater« nennt oder einen Hausherrn, einen Geschäftsmann oder einen König, und wenn er in seinen kleinen

Geschichten auf diese Weise schildert, worauf es zwischen Gott und uns Menschen ankommt. Es sind alles Beziehungsgeschichten, wie sie sich in den Verhältnissen zwischen uns Menschen spiegeln.

Dass das Sinn hat, liegt darin begründet, dass wir Menschen ja nichts kennen als unsere kleine Welt und dass also, was zwischen Gott und uns geschieht, sich nur in den Verhältnissen zwischen uns Menschen darstellen lässt. Wer letztlich der verborgene, eine Gott ist, der ungreifbare, der unbegreifliche, alles umfassende, alles durchdringende und durchwirkende, können wir nicht wissen. Was wir über unsere menschlichen Bilder und Vergleiche hinaus über ihn sagen, wird am Ende nichts erklären. Wir können nur hören, was über ihn gesagt wird, wir können ihm nur begegnen, wie er uns begegnet, wir können mit seinem Geheimnis nur so umgehen, wie es unserer Art entspricht, und wir können dabei eine Vorstellung von ihm gewinnen und zugleich eine Vorstellung von uns selbst. Wir sind Menschen und bewohnen diese kleine Welt, und was uns als Wahrheit aufgehen soll, muss in unserer kleinen Welt und unserem kleinen Verstand Raum haben.

*

Wir können es darum nicht falsch finden, wenn ein Eskimo sich Gott in Gestalt eines Seehunds vorstellt oder ein Indianer in Gestalt eines Vogels, ein Inder in Gestalt eines Vishnu oder Shiva – solange er eine deutlichere Kunde von Gott nicht hat. Ich will es auch nicht falsch finden, dass wir Christen uns Gott nach Art eines männlichen Wesens vorstellen. Diese Vorstellung stammt aus einer Kultur, in der der Mann der unbestrittene Herr über die Frau war. Wir haben sechs Jahrtausende hinter uns, in denen nach der Zeit des Mutterrechts die Männer in den Kulturen des Nahen Ostens das Sagen hatten, die so genannte patriarchale Epoche. Diese Epoche spiegelte ihr Bild von Gott in den damals geltenden Herrschaftsverhältnissen auf der Erde, und keine Kultur kann anders von ihm reden als so, wie es ihren geltenden Ordnungen und ihre geistigen Mitteln entspricht.

Wir sind aber nun, das ist jedem deutlich, der es sehen will, am Ende dieser Epoche angekommen. Wir empfinden es heute als im Grunde absurd, sich Gott als Mann oder Frau vorzustellen. Es hat durchaus Sinn, dass vor allem Frauen heute gerne von Gott, der Mutter, sprechen, unter anderem auch in der Hoffnung, nach dem Ende der patriarchalen Gewalt ein Zeitalter zu erreichen, das erstmals von der Menschlichkeit des Menschen statt von seiner Geschlechterrolle bestimmt ist. Man kann natürlich sagen, Gott-Mutter an Stelle von Gott-Vater zu setzen hieße, das eine Absurde an die Stelle eines anderen Absurden zu setzen, da wir doch wissen, dass Gott weder Mann noch Frau, sondern eben Gott ist. Aber nie werden wir anders von Gott reden können als in Spiegelungen unseres menschlichen Wesens und unserer menschlichen Welt.

Müssen wir uns Gott als Person vorstellen?

Die Bibel redet von Gott aber auch anders, nämlich so, dass sein Bild das Bild eines Menschen sprengt und weit hinausreicht über unsere menschlichen Verhältnisse. Sie sagt, Gott umgebe uns wie die Luft einen Vogel. »Ich gehe oder liege, so bist du um mich«, sagt der Psalm. Und in der christlichen Geschichte haben viele geredet wie Gerhard Tersteegen, der Gott anredet als »Luft, die alles füllet, drin wir immer schweben« oder als »Meer ohn Grund und Ende«. Solche Bilder sind in einer personhaften Gottesvorstellung nicht unterzubringen. Sie deuten Gott nicht als ein ansprechbares Gegenüber, sondern als ein Fluidum, ein Element, das um uns oder auch in uns ist.

Aber für den christlichen Glauben gilt nun beides, und er mutet uns zu, diesen Widerspruch auszuhalten. Er sagt: Woher soll bei den Geschöpfen dieser Erde etwas kommen wie ein Ohr, wenn dem, der sie geschaffen hat, das »Hören« fremd ist? »Der das Auge geschaffen hat – sollte der nicht sehen?« Sollte dem, der das menschliche Bewusstsein geschaffen hat, etwas wie Bewusstsein fremd sein? Sollte dem, der leidensfähige Wesen erschaffen hat,

Leiden unnachfühlbar sein, Angst auch und Glück und alles, was eine Seele bewegt? Gilt das, so wird Gott zu recht mit den Merkmalen einer Person vorgestellt. Fähigkeiten wie hören, sehen, denken, planen, urteilen, empfinden gehören zum Wesen einer »Person«, wie wir Menschen sie verstehen und wie wir selbst Personen sind.

Aber seit wann sind wir denn das – Personen? Wir brauchen über den homo sapiens nicht weit zurückzugehen, so wird uns sehr fraglich, wann der Mensch oder sein Vorfahr anfing, so etwas wie Selbstbewusstsein zu entwickeln, also »Person« zu werden. Wenn wir uns vorstellen, ein Frosch könne ein Bild von Gott haben, so würde ihm Gott mit Sicherheit eine Art Über-Frosch sein. Und wir brauchen nur ein wenig über dieses gegenwärtige Leben hinauszudenken, so wird uns sehr fraglich, was wir dann sein werden, wenn wir in das andere Leben eintreten. Ob wir dann nicht Kräfte ganz anderer Art haben werden, als sie uns hier zur Verfügung stehen, die aber über das, was wir hier für die Kräfte einer Person halten, weit hinausgehen. Dass wir also zu einer völlig neuen Vorstellung von uns selbst und auch von Gott gelangen werden. Unabhängig vielleicht auch von Raum und Zeit und sicher von den Bildern unseres hiesigen Daseins.

*

Nun gibt es aber eine bezeichnende Weise, wie die Bibel über unsere Begegnung mit Gott redet. Sie ist für alles andere grundlegend. Sie spricht von einer »Ferne von

Gott«, in der der Mensch lebe. Sie spricht davon, Gott komme aus dieser Ferne zu uns. Er komme »in diese Welt herein«. Er komme herab vom Himmel auf die Erde. Er komme aus seiner Fremdheit herein in das Bewusstsein von uns Menschen. Die Bibel spricht von seiner »Menschwerdung«. Das heißt: Er steige herab zu uns Menschen, um uns begreiflich zu werden. Er nehme also eine Gestalt an, die eigentlich unter seinem wirklichen Wesen liege. Er nehme eine Gestalt an, in der wir Menschen etwas erkennen, etwas sehen und verstehen. Er steige ab zu uns Menschen, die sich als »Person« verstehen, und nehme diese Bilder auf, die für eine Person gelten, weil es anders für uns nichts zu begreifen gibt. In dem Augenblick, so fügen wir hinzu, in dem uns ein erweitertes Bewusstsein gegeben wird, also in der Welt, die wir nach unserem Tode betreten, oder in einer ferneren Zukunft, in der der Mensch einen neuen Schub seiner Entwicklung erfahren hat, wird Gott sich so zeigen, wie es uns dann entsprechen wird, damit zwischen ihm und uns so etwas wie Nähe möglich sei.

Versuchen wir aber, in diesem gegenwärtigen Leben schon mit unseren schmalen Mitteln mehr zu wissen, denken wir immer höher hinauf über den Rahmen unserer Bilder, so werden wir immer weniger in der Hand haben. Je abstrakter, je geistiger unsere Vorstellungen von Gott sind, um so leerer werden sie sein. Am Ende, die Philosophen, die so viel von Gott geredet haben, mögen mir vergeben, werden sie mit ihren Gedanken weder über Gott noch über unsere Beziehung zu ihm irgendetwas aussagen.

Nehmen wir aber ernst, was uns mit dem menschennahen Gott entgegentritt, so werden wir ihm gegenüber von uns selbst ein neues und genaues Bild gewinnen. Dem Gott, der mich anspricht, gegenüber wird meine angemessene Haltung das Stehen, das Hören und das Antworten sein, ich werde dabei mich selbst finden. Einem solchen Du gegenüber bin ich selbst auf meine Identität hin angesprochen. Diesem Du gegenüber kann ich unter anderem den aufrechten Stand und den aufrechten Gang gewinnen. Ich werde der werden, der ich bin.

Was das Gebet soll und was es kann

Eines Tages wurde Jesus von seinen Begleitern gefragt, wie und was sie denn beten könnten, um ihrem neuen Verhältnis zu dem Gott, den Jesus ihnen zeigte, Ausdruck zu geben. Ihnen gab Jesus das eine Gebet, das seither in der Kirche als »Vaterunser« überliefert wird, als Grundbestand ihres und unseres Lebens vor Gott und mit Gott.

»*Vater im Himmel*« beginnt es, Gott anzureden.

Damit sagen wir: Gott! Wir wissen, dass du über uns bist wie der Himmel, um uns her wie die Luft, unter uns wie die Erde, in uns wie wir selbst. Wir sehen dich nicht und wissen doch, dass du uns hörst. »Himmel«, das ist deine Verborgenheit. Mit dem Wort »Himmel« deuten wir an, dass wir keinen Zugang zu dir fänden, wenn du nicht zu uns kämst. Du bist der Vater dieser ganzen Welt, der Sterne und des unendlichen Weltraums und so auch unserer Erde und Vater für uns Menschen. Wir danken dir, dass du bei uns bist, dass du uns hörst, wenn wir reden, dass du zu uns redest. Du bist die Kraft, die diese ganze Welt bewegt. Du willst, dass wir an deiner Kraft Anteil haben und am Reichtum deiner Gedanken. Dir vertrauen wir. Auf dich verlassen wir uns, Vater im Himmel.

»Dein Name werde geheiligt«, so lautet die erste Bitte.

Und es ist wirklich eine Bitte. Denn für uns Menschen hängt viel daran, ob wir noch wissen und respektieren, was und wer du bist. Wir nennen ja vieles heilig, das es nicht ist. Das Vaterland, die Liebe, die Rechtsordnungen, Kirchengebäude, religiöse Bräuche, Gottesdienste. Dich aber, der allein heilig ist, machen wir gern zu einem ohnmächtigen »lieben Gott«. Wir wollen aber, wenn wir dich anreden, unserem wirklichen Verhältnis zu dir Ausdruck geben. Wir stehen als unheilige Menschen vor dir, dem Heiligen. Wir wollen, dass diese Wahrheit nicht verfälscht wird. Wir sagen also: Hilf uns, dass wir nie vergessen, dass du nicht irgendwer, sondern der heilige Gott bist. Gib deinem Namen Gewicht und Kraft. Klarheit in unseren Gedanken. Fülle und Größe in unserem Herzen. Mach dich spürbar wie die Luft, sichtbar wie die Farben der Dinge, hörbar als deine Stimme. Und lass uns nie den unendlichen Abstand vergessen zwischen dir und uns.

»Dein Reich komme«, sagt Jesus in der zweiten Bitte.

Wir suchen Frieden für diese Erde, Gerechtigkeit für die Menschen und eine lebendige Schöpfung um uns her. Wir können es nicht hinnehmen, dass unsere Staaten und

Gesellschaften durch Unrecht und Gewalt bestehen, dass Menschen in Kriegen zugrunde gehen oder am Hunger oder dadurch, dass unsere heutige Lebensweise ihre Lebensgrundlage zerstört.

Wir wissen aber zugleich, dass der Unfriede auch von uns selbst ausgeht, dass das Unrecht und die Gewalt ihren Ursprung auch in uns selbst haben. Auch wir Christen sind weit entfernt, Boten des Friedens zu sein oder Erbauer deines Reiches.

Dein Reich kann niemand schaffen außer dir selbst. Dein Reich, in dem die Angst der Kreatur aufgehoben ist und die Hoffnung der Menschen erfüllt, ist das Ziel, in das alle Dinge münden. Wir bitten nicht: Lass uns in den Himmel kommen! Sondern: Lass dein Reich kommen zu uns auf diese Erde und vollende diese Welt zu deinem Reich!

»Dein Wille geschehe auf der Erde wie im Himmel.«

Jeder, jede von uns hat einen eigenen Willen. Jedes Wesen dieser Welt will leben, und immer steht Wille gegen Willen. Aber wir haben verstanden, dass dein Wille der einzige ist, den zu verwirklichen sich lohnt. Wir bitten also, lass deinen Willen geschehen, auch gegen unseren Willen. Dein Wille kann wollen, dass wir zu leiden haben, dass wir in unseren Ängsten gefangen sind, dass uns alles fehlt, was uns das Leben sinnvoll erscheinen lässt. Aber wenn es dein Wille ist, so möge er geschehen.

Wo wir Menschen am Werk sind, geschieht dein Wille nur, wo wir ihm Raum geben. Und immer ist die Gefahr, dass wir ihn hindern. Wir möchten aber, dass dein Wille Gestalt und Wirkung gewinnt auch unter uns Menschen. Wir möchten unser Leben dafür einsetzen, dass unter uns geliebt wird, getröstet, geschützt und befriedet. Nimm also unsere Herzen zu Werkzeugen deines Willens. Forme unsere Werke nach dem Bild deines Willens, sodass wir uns freuen, wenn dein Wille irgendwo Gestalt gewinnt. Denn wo sollten Erfüllung liegen und Sinn in unserem Leben, wenn nicht in deinem Plan und Wirken? Darum: Setze ihn durch nicht nur im Himmel, sondern auch bei uns. In uns. Und durch uns auf dieser Erde.

»Unser tägliches Brot gib uns heute.«

Eigentlich heißt es: »Unser Brot – das für den heutigen Tag – gib uns heute.« Wir bitten also um nicht mehr als das, was wir jetzt, heute, brauchen.

Wir gehören aber zu den Menschen, denen es gut geht, die versorgt sind mit allem, was sie brauchen, und mit vielem, das sie nicht nötig hätten. Wir verlassen uns darauf, dass wir nicht nur das Brot für diesen Tag, sondern auch für die eigene Zukunft in unserem Alter haben werden.

Wir sind bevorzugt vor Milliarden von Menschen, die nicht zu essen und zu trinken haben, die ohne Arbeit und ohne ärztliche Versorgung in den Slums auf dieser Erde umkommen. Wir bitten also: Befreie uns von Raffgier und von unserer Meinung, alles stehe uns zu. Gib uns vielmehr das Brot für den heutigen Tag und hilf uns, es in Gerechtigkeit zu verteilen.

Wir leben aber nicht vom Brot allein, sondern mehr noch von deinem Wort. Du gibst uns allen nicht nur das Brot, sondern auch das Wort. Mach uns zum Brot für die Hungernden und zum Wort für die, die unser Wort brauchen. Gib allen das Brot durch unsere Hände und durch unser aller Wort.

»Vergib uns unsere Schuld.«

Wir leiden darunter, dass wir anderen Unrecht zufügen und die Folgen unseres Tuns nicht auslöschen können. So bitten wir um die Vergebung, die allein einen neuen Anfang gibt. Mach du, Vater, jeden Tag einen neuen Anfang mit uns. Denn wir können nicht frei und glücklich leben, wenn wir unser Versagen und Versäumen mit uns herumtragen. Liefere uns nicht den Folgen unseres Unrechts aus, den Folgen unseres Redens und unseres Verhaltens.

Dass wir das ernst meinen, zeigen wir damit, dass wir anderen nicht anrechnen, was sie gegen uns denken, reden oder tun.
Die Verbindung aber zwischen der Vergebung, die wir von dir erbitten, und der, die wir anderen gewähren, bringt unsere Zukunft in große Gefahr. Wir möchten deshalb

gerne bitten: Vergib uns, auch wo wir selbst nicht vergeben können. Vergib uns mehr, als wir vergeben. Aber das Gebet hat keine Ermäßigung bereit. Es lautet: Vergib uns unsere Schuld, wie wir denen vergeben, die an uns schuldig werden.

»Führe uns nicht in Versuchung.«

Damit meinen wir: Gott, es gibt so viel Schmerzen in der Welt, so viel Leiden. So viel Unrecht. Es ist so viel Lüge, und wir wissen kaum mehr, was Wahrheit ist. Es ist so viel Gewalt und Hass, Krankheit und Tod. Behüte uns davor, an dir irre zu werden, deine Hand zu verlieren und andere Mächte für wirklicher zu halten als dich. Bewahre uns davor, an den Rätseln dieses Daseins zu verzweifeln und unseren Weg zu suchen, geführt von unserer Angst.

Wir sind unseres Glaubens niemals sicher. Wir sind in Gefahr, an unseren Kräften zu verzweifeln, weil wir von dir nichts erwarten oder meinen, du seiest tot.

Halte uns bei dir fest, solange wir leben, und später, wenn wir diese Welt verlassen haben, denn immer brauchen wir deine Hand.

»Erlöse uns von dem Bösen.«

Überall in der Welt herrscht eine dunkle Macht über die Menschen und die Völker. Eine Macht, die dir entgegen ist. Überall in uns, auch in unseren besten Absichten, auch in unseren reinsten Gedanken, auch in unserem rechtschaffenen Tun und Opfern, ist ein dunkler Wille, den wir nicht beherrschen.

Das ist ein Rätsel, das wir nicht verstehen. Wir wissen, dass du alle Macht hast im Himmel und auf der Erde. Und doch sind wir diesem gegen dich und gegen uns selbst gerichteten Drang und Zwang ausgeliefert.

Wir können aber bitten: Mach uns frei davon. Wir selbst richten nichts aus. Mach uns zu freien Menschen. Hier auf der Erde und auch in jenem fernen anderen Leben, das du uns eröffnen wirst. In Deinem Reich.

Das alles soll gelten, *»denn dein ist das Reich und die Kraft und die Herrlichkeit«.*

»Dein ist das Reich«, damit sagen wir: Nichts ist, wenn es nicht in dir ist. »Dein ist die Kraft«, damit sagen wir: Es ist keine Kraft in der Welt, in der du nicht wirktest. »Dein ist die Herrlichkeit«, damit sagen wir: Was es an Großem, an Schönem, an Wunderbarem gibt in unserer Welt, ist groß, ist schön, ist wunderbar dadurch, dass du in ihm bist. Und das gilt in Zeit und Ewigkeit. Amen.

*

Was also hat ein Mensch davon, dass er glaubt?

Ein Mensch, der glaubt, greift über alles hinaus, horcht über alles hinaus, was es in diesem Leben zu begreifen und zu verstehen gibt, und findet die alles umgreifende Macht, die wir Gott nennen. Er ist kein Übermensch. Seine Kraft hat Grenzen. Er ist verletzlich an Leib und Seele. Er kann sich nicht an sich selbst festhalten. Er glaubt aber an Gott und verlässt sich auf eine Macht, die ihn hält.

Ein Mensch, der glaubt, ist nicht allein. Er lebt mit Gott. Er kann zu ihm sprechen. Er weiß sich von ihm angesprochen. Er weiß, dass er gehört wird. Er ist geborgen.

Wer an Gott glaubt, ist frei. Er braucht nichts zu sein, was er nicht ist, nichts zu zeigen, was er nicht hat, und nichts zu leisten, was er nicht kann. Er braucht Tod und Schwachheit nicht zu leugnen. Er ist in der Angst nicht verlassen. Wer an Gott glaubt, kann leben.

Wer mit Gott lebt, wer sich in Gott weiß, findet Frieden. Er kann sich mit seinem Schicksal aussöhnen, er kann sich versöhnen mit anderen Menschen und mit sich selbst. Wer mit Gott lebt und in ihm, kann Frieden stiften um sich her auf dieser Erde.

Machen Sie einen Versuch.

III.

Dieser Gott erschafft noch täglich die Welt

Die Bibel hat eine Schöpfungsgeschichte

In der Bibel erzählen Menschen, die vor zweitausendfünfhundert Jahren lebten, was sie von ihrer Welt wussten. Sie verrieten für die damalige Zeit viel Sachkenntnis und eine erstaunliche Unabhängigkeit von den übrigen Vorstellungen jener Epoche, in der sie ordneten und erklärten, was sie erkannt hatten. In sieben Tagen, das heißt in sieben Schritten, gliederten sie die Entstehung der Welt. Wenn wir heute einbeziehen, was unsere Wissenschaft über den Anfang der Dinge weiß, so können wir der alten Geschichte unsere heutigen Gedanken mitgeben. Sprechen wir sie also in unseren gegenwärtigen Vorstellungen nach, und lassen wir dabei unserer Phantasie den nötigen Spielraum:

Am Anfang –
es war, wie unsere Gelehrten behaupten,
siebzehn Milliarden Jahre her
– vielleicht auch nur vierzehn –,
so, dass plötzlich aus dem Nichts ein Feuer brach.
Ob vorher etwas war oder nicht,
wissen wir nicht.

Ein Blitz aus Energie brach mit einem Schlag aus
und dehnte sich ins Ungeheure.
Irgendwelche Hadronen oder Leptonen kochten in der Glut.
Wasserstoff entstand und Helium. Und Gott sprach:
Ja! So soll es gehen! Das war der erste Tag.

Am zweiten Tag sprach Gott:
In diesem Feuer aus dem Urmittelpunkt sollen sich Stoffe bilden,
Kräfte und Gesetze. Raum soll entstehen.
Zeit soll Ordnung schaffen im Nacheinander
der Ereignisse.
Und in sich kreisende Welteninseln sollen als Fetzen
aus dem Feuer herauslodern,
und dazwischen soll eine ungeheure Leere bleiben.

Am dritten Tag gebot Gott:
In einer der Milliarden Milchstraßen soll sich ein Staubkorn bilden.
Ein besonderes. Erde soll es heißen.
Eine Lufthülle soll es umgeben.
Riesige Wasser sollen es bedecken.
Land soll sich daraus erheben.
Und blau soll es leuchten in der Weite des Raums.
Berge soll es bilden oder Meere,
Gebirge, Wüsten, Moore, Steppen.
Und alles soll in der richtigen Entfernung von der Sonne stehen,
sodass die kosmische Kälte ihm nicht schadet

und die Hitze der Sonne es nicht verbrennt. Das Sandkorn.
Ja! So soll es sein!

Am vierten Tag rief Gott allerlei Pflanzen aus seiner Erde.
Grüne Blättchen sollten sich aus der dunklen Materie erheben.
Die Felsen wurden zu Erde, die Erde zu Bäumen,
zu Wäldern aus Schachtelhalmen auch.
Gras wuchs, Blumen blühten in Farben und Düften.
In Jahrmillionen fanden sie alle ihre Gestalt.

Am fünften Tag wurden die Sümpfe lebendig,
von schwimmenden, kriechenden, krabbelnden Wesen,
auch solchen, die fliegen konnten und zu singen anfingen.
Schließlich entstanden Tiere auf vier oder sechs oder acht Beinen
in unendlicher Fülle, die sich gemeinsam mehren konnten und die Erde füllen.

Am sechsten Tag forderte Gott einige Tiere, die auf vier Füßen gingen und auf Bäumen lebten, auf:
Steht auf! Macht eure Vorderfüße frei,
damit ihr etwas tun könnt.
Schaut um euch! Denkt nach!
Macht euch Werkzeuge und verändert die Erde.
Er sandte ihnen Lehrer und Erfinder und Weise,
die sie lehrten, mit anderen Wesen freundlich zu sein
und in ihrem Kopf Gedanken zu formen.

Es entstanden die großen und die kleinen Kulturen.
Es begannen die Missgriffe, die Verfehlungen und das Unheil.
Denn die Wesen waren frei, selbst etwas zu wollen.

Am siebten Tag sprach Gott:
Lass dein Werkzeug liegen. Atme auf.
Lass deinen Durchsetzungsdrang. Lass ihn.
Ruhe. Betrachte. Denke nach.
Schau die Bilder, die in deiner Seele leben,
und höre die Stimme, in der ich mit dir rede.
Höre. Und lebe.

*

Wir glauben also, dass die Welt nicht durch Zufall entstand, sondern aus einem planenden Willen hervorging, dass sie von Gedanken erdacht und von einer Liebe verwirklicht wurde.

Wir glauben, dass diese Erde immerfort neu entsteht. Und dass wir an dem Schritt, den sie heute geht, beteiligt sind.

Die Stoffe dieser Welt sind von Gott gebildet, ihre Kräfte sind Wirkung seiner Kraft, ihre Gesetze spiegeln seine Gedanken, ihr Leben ist Ausdruck seiner Lebendigkeit.

Wir lieben und schützen Menschen, die aus Gottes Hand kommen, und sehen in ihrer Menschlichkeit ein Bild für das Wesen dessen, der sie schuf.

Er ist das Geheimnis ihres Ursprungs und das Geheimnis ihres Wesens, wie er das Geheimnis des Ursprungs und des Bestehens dieser ganzen Welt ist.

Und doch ist diese Welt nicht eindeutig. Wir genießen ihre Schönheit, wir verlassen uns auf ihre Ordnung, wir bewundern ihren Reichtum. Wir sehen aber auch ihre Rätsel, fürchten uns vor ihren Gewalten und erschrecken vor ihrer Grausamkeit. Wir lieben das Leben und sehen allüberall das Werk des Todes.

Dennoch glauben wir an Gott, den Schöpfer. Nicht, weil wir ihn wahrnehmen, sondern weil Jesus von ihm spricht und uns im rätselhaften Gott den liebenden Vater zeigt, der sich um seine Geschöpfe kümmert, ihre Klage hört, ihre Angst kennt und ihnen, auch gegen allen Augenschein, nahe ist.

Die Erde
ist in Gefahr

Heute ist die Intelligenz dieses aufrecht gehenden Verstandeswesens so groß geworden, dass er fähig ist, die Schöpfung, soweit sie Erde heißt, zu zerstören, freilich nicht so groß, dass er fähig wäre, selbst zu überleben. Uns ist der Auftrag gegeben, die Erde zu schützen und am Leben zu erhalten. Die Gefahr ist, dass wir diesen Auftrag verfehlen zum Unheil für das Ganze.

Vor vielen Jahren habe ich einmal eine Phantasiegeschichte geschrieben, die das Ende dieser schönen Erde und des Menschen erzählt. Sie lautet: »Die letzten sieben Tage der Erde«:

»Am Anfang schuf Gott Himmel und Erde.
Aber nach vielen Jahrmillionen
war der Mensch endlich klug genug.
Er sprach: Wer redet von einem Gott?
Ich nehme meine Zukunft selbst in die Hand.
Er nahm sie,
und es begannen die letzten sieben Tage der Erde.

Am Morgen des ersten Tages
beschloss der Mensch,
frei zu sein und gut,
schön und glücklich.
Nicht mehr Ebenbild eines Gottes,
sondern ein Mensch.
Und weil er etwas glauben musste,
glaubte er an die Freiheit und an das Glück,
an Zahlen und Mengen,
an die Börse und den Fortschritt,
an die Planung und seine Sicherheit.
Denn zu seiner Sicherheit
hatte er den Grund zu seinen Füßen gefüllt
mit Raketen und Atomsprengköpfen.

Am zweiten Tage
starben die Fische in den Industriegewässern,
die Vögel am Pulver aus der chemischen Fabrik,
das den Raupen bestimmt war, .
die Feldhasen an den Bleiwolken von der Straße,
die Schoßhunde an der schönen roten Farbe der Wurst,
die Heringe am Öl auf dem Meer
und an dem Müll auf dem Grunde des Ozeans.
Denn der Müll war aktiv.

Am dritten Tage
verdorrte das Gras auf den Feldern
und das Laub an den Bäumen,
das Moos an den Felsen
und die Blumen in den Gärten.

Denn der Mensch machte das Wetter selbst
und verteilte den Regen nach genauem Plan.
Es war nur ein kleiner Fehler
in dem Rechner, der den Regen verteilte.
Als sie den Fehler fanden,
lagen die Lastkähne auf dem trockenen Grund
des schönen Rheins.

Am vierten Tage
gingen drei von vier Milliarden Menschen zugrunde.
Die einen an den Krankheiten,
die der Mensch gezüchtet hatte,
denn einer hatte vergessen,
die Behälter zu schließen,
die für den nächsten Krieg bereitstanden.
Und ihre Medikamente halfen nichts.
Die hatten zu lange schon wirken müssen
in Hautcremes und Schweinelendchen.
Die anderen starben am Hunger,
weil etliche von ihnen den Schlüssel
zu den Getreidesilos versteckt hatten.
Und sie fluchten Gott,
der ihnen doch das Glück schuldig war.
Er war doch der liebe Gott!

Am fünften Tage
drückten die letzten Menschen den roten Knopf,
denn sie fühlten sich bedroht.
Feuer hüllte den Erdball ein,
die Berge brannten, die Meere verdampften,

und die Betonskelette in den Städten
standen schwarz und rauchten.
Und die Engel im Himmel sahen,
wie der blaue Planet rot wurde,
dann schmutzig braun und schließlich aschgrau.
Und sie unterbrachen ihren Gesang
für zehn Minuten.

Am sechsten Tage ging das Licht aus.
Staub und Asche verhüllten die Sonne,
den Mond und die Sterne.
Und die letzte Küchenschabe,
die in einem Raketenbunker überlebt hatte,
ging zugrunde an der übermäßigen Wärme,
die ihr gar nicht gut bekam.

Am siebten Tage war Ruhe. Endlich.
Die Erde war wüst und leer,
und es war finster über den Rissen und Spalten,
die in der trockenen Erdrinde aufgesprungen waren.
Und der Geist des Menschen
irrlichterte als Totengespenst über dem Chaos.
Tief unten in der Hölle aber
erzählte man sich die spannende Geschichte
von dem Menschen,
der seine Zukunft in die Hand nahm,
und das Gelächter dröhnte hinauf
bis zu den Chören der Engel.«

*

Die Zeichen der Zeit sind nicht mehr zu übersehen, jedenfalls nicht für jemanden, der Augen hat für die Folgen seines zivilisatorischen Tuns. Wenn wir aber an die Kraft Gottes, zu schaffen und zu erhalten, glauben, so sind wir damit nicht von unserer Verantwortung befreit, die wir für die lebendige Schöpfung auf unserem Sandkorn Erde tragen. Wir wissen, was zu tun wäre. Wir wissen es jedenfalls, wenn uns nicht unser rücksichtsloser Egoismus zu einem einsamen Zerstörer alles Lebendigen macht. Wir sollen ja nicht der Utopie einer besseren und schöneren Welt nachhängen, sondern unsere Rolle im Spiel der Geschöpfe spielen.

Denn wir glauben an den wirkenden Gott, der diese Welt selbst erneuert und vollendet. Nur innerhalb seiner Hände sind unsere Hände sinnvoll am Werk.

Es mag sein, dass Gott die Zerstörung dieser Erde zulässt. Die Freiheit des Menschen ist ein Teil seines Plans. Wir aber sollen begreifen, dass wir berufen sind, diese wunderbare Schöpfung zu bewahren, indem wir sie lieben. Darum gehören das sinnvolle Werk und die Zukunft allein dem Menschen, der zu lieben fähig ist. Und nur, was aus dieser Liebe und Hingabe hervorgeht, bleibt unverloren.

Ich möchte also über die Wunder dieser Erde hinaus glauben. Ich möchte für mein Leben danken. Ich möchte glücklich sein und glücklich machen mit allen Kräften. Ich staune über die Gedanken Gottes, die so viel tiefer sind als die meinen, über seinen Geist, der so viel höher ist als meine Vernunft. Ich bin überzeugt, dass ich von seiner Welt nur das Geringe wahrnehme, das meinem Geist entspricht, und mir mehr verborgen ist, als ich je sehen und begreifen werde.

Ich glaube an den Schöpfer der Welt, der Erde und des Himmels. Der Welt, die ich sehe, und der viel größeren, von der ich nicht den Schatten einer Ahnung habe.

Ich weiß mich als ein kleines Organ in dieser Welt. Mein Geist steht ihr nicht gegenüber, er ist in sie eingebunden. Mein Denken ist Teil einer gedankenreichen Erde. Alle Dinge aber, deren Teil ich bin, sind in Gott. So ist die Welt nicht etwas Zufälliges, sondern Ausdruck eines Plans, der sich im Lauf der kosmischen Evolution verwirklicht. Ob die Zeit dieser Welt in Zyklen verläuft oder entlang einem gradlinigen Zeitpfeil – sie läuft jedenfalls auf ein Ende zu, das Gott ihr setzt. Wir aber sehen die ungeheure Dynamik, die in ihr am Werk ist. Innerhalb dieser schaffenden Dynamik aber sind wir Menschen zu Hause, und die Welt wird für uns zum bewohnbaren Ort.

Woher ist das Böse, woher das Schreckliche, und was ist sein Sinn?

Die Welt ist kein Blumengarten. Jedes Lebewesen muss sich mit Krallen und Zähnen und mit allen seinen Kräften gegen andere Kräfte zur Wehr setzen, will es überleben. Jedes Lebewesen muss fürchten, von Angst und Schmerzen und Hunger verfolgt zu werden. Jedes geht seinem Tod entgegen, auch wenn es davon kaum etwas ahnt.

Unter Christen sind viele der Meinung, dieses Schicksal, wie es uns Menschen trifft, habe mit einer Verschuldung zu tun, die im frühen Anfang der Menschengeschichte geschehen sei, und mit einer Schuld, die wir Heutigen auf uns laden. Aber die Angst, das Leid und der Tod sind älter als die Menschheit. Sie bedrohen jedes Tier und – was wissen wir schon? – wohl auch jedes pflanzliche Wesen, das sich nach Licht und nach Wasser ausstreckt, vielleicht in einer verborgenen Angst vor dem Verwelken und Verdorren. Nein, Leid, Angst, Schmerz, Tod sind der Schöpfung von allem Anfang her eingestiftet und zwar von Gott selbst. Auch die Schöpfung auf unserer Erde insgesamt ist bedroht und kann zugrunde gehen. Ihr Leben hat Grenzen, und die Grenzen hat Gott gesetzt.

*

Nehmen wir an, das Überleben der Schöpfung auf dieser Erde hinge vom Verhalten des Menschen ab, so können wir damit viel erklären. Wenn es nach dem Willen von uns Menschen geht, ist die Erde nicht mehr lange eine lebendige Fülle, sondern eine Müllhalde des menschlichen Fortschritts. Wenn es nach ihr geht, wird der blaue Planet, dieses Wunder des Lebens, irgendwann unbewohnbar sein. Denn wir Menschen sehen kaum je weiter in die Zukunft, als unser eigenes Leben und Interesse reicht. Wenn aber wir Menschen so grundsätzlich unfähig sind, mit dem Lebendigen auf dieser Erde umzugehen, mit ihren Elementen und ihren Ressourcen, so wie es gegenwärtig scheint, so müssen wir doch fragen: Wer hat den Menschen als dieses engstirnige, labile Wesen geschaffen? Liegt der Fehler nicht bei Gott selbst? Wenn er ihn in einen Garten gesetzt hat mit dem Auftrag, diesen zu bebauen und zu bewahren – wie die Bibel sagt –, hätte er nicht einen Menschen erschaffen müssen, der dieser Aufgabe gewachsen ist? Wenn aber Gott eine fehlerhafte Welt einem fehlerhaften Menschen in die Hand gab, müssen wir dann nicht versuchen, zuerst, ehe wir Gott verehren, die Menschen zu verbessern? Wie das freilich zugehen könnte, hat noch keiner gezeigt.

*

Andere Möglichkeit: Sollte all das grauenhafte Leid in der Schöpfung gar nicht auf Gott zurückgehen, sondern auf eine dunkle Gegenmacht, einen Widersacher, einen Satan etwa? Dann agierten in dieser Welt zwei Mächte gegeneinander. Die Schöpfungsgeschichte und mit ihr die ganze Bibel aber reden von einer Schöpfung dieser Welt allein durch Gott. Aber diese Lösung, zwei Mächte anzunehmen, ist so einleuchtend, dass sie im Laufe der Menschengeschichte immer wieder und immer wieder auf eine neue Weise vertreten worden ist. So einleuchtend, dass sogar unter den Christen immer wieder von Teufel und von einer Hölle geredet worden ist, die der Hintergrund sei für das »Jammertal Erde«.

Was aber sagt der christliche Glaube wirklich? Einer der Propheten spricht es aus im Namen Gottes: »Ich bin Gott! Außer mir ist keiner. Ich mache das Licht, und ich schaffe die Finsternis. Ich gebe Frieden, und ich verhänge das Unheil. Ich bin Gott, der hinter allem steht« (Jesaja 45, 6-7). Jesus selbst sagt einmal:
»Ich sah den Satan vom Himmel fallen wie einen Blitz.« Er sagt damit, kein Satan hat gegen Gott irgendeine Macht. Gott ist souverän. Er hat keinen Gegenspieler. Damit stehen wir vor einem der unlösbaren Rätsel, die unserem kleinen Verstand zugemutet werden. Dass aber dieser Widerspruch in Gott selbst in eins zusammenfällt oder zusammengehört, das wird mir, so hoffe ich, die Ewigkeit zeigen.

*

Wie aber soll ich mit dem Dunkel in Gott und mit dem Dunkel in meinem Dasein umgehen? Was sagt mir das Evangelium? Es sagt als erstes:

Du bist geführt. Dein Weg ist in den Gedanken Gottes vorgezeichnet. Er wird dich an dein Ziel bringen, an dem dein Leid von dir genommen wird. Sieh auf Jesus. Er hat hinsichtlich des Elends dieser Welt klar gesehen wie kein anderer. Und er hat vertraut.

Ein zweites: Angesichts deiner eigenen Schuld und der Schuld anderer verlasse dich darauf, dass Gott ein vergebender Gott ist, nicht ein rächender. Und dass du dazu bestimmt bist, dich zu wandeln und deine eigentliche Gestalt, die Gott sieht, zu erreichen.

Ein drittes: Angesichts des Todes anderer Menschen und deines eigenen nimm die Kraft in Anspruch, die in der Hoffnung liegt. Bitte Gott, dass diese Hoffnung in dir stärker werde solange, bis sie dich zu tragen vermag. Dein Weg führt weiter. Der Tod hat keine Macht über dich.

So ist das Evangelium eine einzige Aufforderung an uns, die Gegenkräfte wach zu rufen, mit denen wir die Rätselhaftigkeit unseres Daseins bestehen und durchstehen können. Die Gegenkräfte, mit denen wir es so gestalten können, wie es unser Glaube vor Augen hat: als Leben in Gott.

Die Welt ist ein Sakrament

Gott schafft die Welt so, dass er »spricht«. Nicht so, dass er irgendein vorhandenes Material gestaltet, nicht so, dass er zaubert, sondern auf die Weise, dass er etwas aus sich »herausgibt«. Das ist für die Bibel das zentrale Sinnbild. Gott atmet aus, und es entsteht die Welt. Sie entsteht keineswegs aus dem Nichts, sondern aus Gott. Das gesprochene Wort nimmt Gestalt an.

Wenn Gott aber einen Menschen »ausspricht«, ihn also zum Leben bringt, so schafft er ihn als ein vernunftbegabtes Wesen, zu einem Wesen heißt das, das zum »Vernehmen« fähig ist. Darin liegt die »Gottebenbildlichkeit«, die die Bibel für den Menschen in Anspruch nimmt. Er ist nicht nur ein Wort aus Gott, er ist auch fähig, ein von Gott gesprochenes Wort zu »vernehmen« und ihm zu antworten.

Dazu kommt aber nun ein Drittes: Die geschaffenen Dinge sind nicht nur Gestalt gewordenes Wort aus Gott, sie können auch zu Trägern eines Wortes von Gott an uns Menschen werden. Geschieht dies, so sprechen wir von einem

»Sakrament«. Ein Sakrament entsteht so, dass einem Gegenstand oder Element der natürlichen Welt ein besonderes Wort von Gott mitgegeben wird.

Dann nehme ich etwa ein Stück Brot und höre dabei: Das ist mehr als Brot. Es spricht zu dir vom Leiden des Jesus von Nazareth. Wie dieses Brot von uns verbraucht und uns dadurch zur Lebenskraft wird, so hat sich Jesus um deinetwillen verbrauchen lassen und bringt dir nun das Leben. Nimm also die Nähe des auferstandenen Jesus in dich auf. Lass dich von ihm wandeln in seine Gestalt. Das schaffende Wort im Sakrament will in dir Gestalt werden.

Ich nehme ein Glas Wein und höre dazu das Wort vom Tod des Mannes aus Nazareth und von dem Blut, das er vergossen habe, damit ich den Zugang zum Leben und zum Fest in Gott finde.

Ich nehme Wasser und spreche dabei nach, was mir gesagt ist: »Ich taufe dich, du Menschenkind, auf deine Zugehörigkeit zu uns anderen Menschen und zu Gott. Ich tue das im Namen des dreieinigen Gottes.« »Im Namen« heißt: Eigentlich ist es Gott selbst, der dich tauft und den ich vertrete, nicht ich. Wie Jesus im Tod unterging, so wirst du einmal im Wasser des Todes untergehen. Und wie er auferstanden ist, so »heben wir dich aus der Taufe«. Das Wasser ist ein Bild ebenso für den Tod wie für das Leben. »Sakrament« heißt, es sei etwas Heiliges. Heilig aber ist allein Gott. Und heilig wird, was der heilige Gott aus einem konkreten Stück dieser Wirklichkeit macht, indem er ihm ein Wort an uns Menschen mitgibt.

*

Das hat nun außerordentliche Konsequenzen. Die Welt insgesamt ist von Gott ausgesprochen und ins Leben gebracht. Höre ich nun, was die Dinge, die Wesen dieser Erde sagen, bin ich also fähig, meine »Vernunft« zu gebrauchen, so werde ich in ihnen immer auch ein Wort von Gott erkennen. Dann spricht Gott zu mir durch die Stimmen, die die Schöpfung hat, durch Menschen, durch die Gaben und Gestalten der Erde, durch ihre Elemente, durch alles, was geschieht, und durch die fortschreitende Entwicklung des Lebendigen. Nehme ich ernst, dass alles aus Gottes Sprechen seine Gestalt gefunden hat, dann werden mir die Dinge zu Trägern eines Wortes von Gott. Das heißt: Die Welt wird mir zu einem Sakrament.

Die Welt wird mir heilig. Ich werde also mit ihr umgehen, wie man mit etwas Heiligem umgeht. Ich werde so achtsam, so ehrfürchtig, so behutsam in ihr leben, wie man in etwas Heiligem lebt. Ich werde mich berühren lassen, wenn ich den Kampf ums Dasein, den alles Lebendige zu bestehen hat, sehe. Wenn ich seine Ängste sehe, seine Entbehrungen, seine Leiden und das allgegenwärtige Sterben erfahre. Die Dinge sind mehr als Dinge, sie werden zu einer besonderen Sprache Gottes an mich. Ich werde verstehen, dass ich nur leben kann, solange sie für mich leben und für mich sterben. Und ich werde, wenn ich nach dem Sinn dieses meines Lebens auf dieser Erde frage, ahnen können, dass ich diesem Sinn nur nahe komme, wenn ich ihn als an mich gerichtetes Wort höre und ernst nehme.

*

Damit aber kann ich ein Weiteres verstehen: Ich bin selbst eins von ihnen, von diesen Wesen, denen ein Wort von Gott an Menschen mitgegeben ist. Ich bin selbst ein Wort. Je mehr ich dem Sinn meines Lebens näher komme, desto deutlicher wird mir sein, dass ich, wenn ich mit mir selbst umgehe, mit einem Sakrament zu tun habe. Inmitten einer Welt der Gestirne, der Berge, der Bäume, der Sümpfe, der Gewächse, der Tiere und der Menschen, inmitten von Licht, Wasser und Wind werde ich mich immer deutlicher als ein Sakrament wissen für sie alle. Und es wird sich mir alles verändern.

Ist mir ein Leid zugedacht, spricht also Gott zu mir in der Sprache von Schmerz oder Verlassenheit, so kann mir, wenn ich es höre, dieses Leiden zu einem Sakrament werden. Es wird heilig. Bin ich schuldig geworden und spricht mir ein Mensch in Gottes Auftrag die Vergebung zu, so wird mir dieses Ganze von Schuld, Vergebung und Neuanfang zu einem Sakrament. Verhängt Gott den Tod über mich, weckt er in mir die Hoffnung auf das Leben, so kann selbst der Tod noch zu einem Sakrament werden, aus dem mir das Leben zukommt. Dann höre ich aus der kalten Stimme des Todes ein Wort von Gott, mit dem er mich neu schafft: Steh auf! Lebe!

Und endlich: Ich höre, wie ein Mensch mir von einer Last erzählt, die in einer Verschuldung besteht, ich höre seinen Wunsch nach Vergebung und spreche ihm im Namen Gottes die Vergebung zu. So werde ich für ihn zu einem Wort aus Gott. Ich bleibe dabei der Mensch, der ich bin. Ich werde weder zu einem Heiligen noch zu einem Propheten noch gar zu einem Engel. Ich werde nur zu einem Menschen, der hört und nachspricht. Aber das schaffende Wort ergeht durch mich. Ich werde für diesen anderen Menschen zu einem Sakrament, zu einem lebendigen Zeichen der Liebe Gottes, zu einer Anrede, aus der ihm das Leben zukommt.

*

Mit all dem sage ich: Alles, was ist und was geschieht, ist eine Anrede Gottes an mich. Alles, was ich werden kann, ist, dass ich zu einer Anrede an Menschen und an Dinge werde, die im Namen Gottes, das heißt an seiner Stelle und in seinem Auftrag, ergeht. Alles wird heilig. Und ich selbst werde dabei zu einem Heiligen in dem Sinn, in dem der Apostel Paulus es von den Leuten in seinen Gemeinden sagt, die er anspricht als die Heiligen Gottes und die zu Trägern einer Anrede Gottes an ihre Umwelt geworden sind. Heilig aber niemals durch das, was wir aus uns selbst sind. Wir werden es durch das, was durch uns geschehen soll. Und wir sind es niemals in unseren eigenen Augen, sondern immer nur in den Augen Gottes.

IV.

Woher wir den Mut nehmen

Wir sind getauft

An uns, jedenfalls an den meisten unter uns, ist etwas geschehen, als wir klein waren. Wir wurden getauft. Ein Amtsträger der Kirche ließ uns Wasser über die Stirn laufen und sagte dazu: »Ich taufe dich auf den Namen des Vaters und des Sohnes und des Heiligen Geistes.« Wasser und das begleitende Wort, das die Bedeutung des Wassers beschreibt, das ist die Taufe.

Wasser ist das Ursprungselement, aus dem das Leben sich erhebt. Aber Wasser ist kein Element, in dem ein Mensch zu leben vermag. Es ist ein Symbol für das Leben ebenso wie für den Tod. Wer ins Wasser fällt, stirbt, wenn ihn nicht einer herauszieht. Das Wasser bildet ab, was einem Menschen bevorsteht, der in diese Welt eintritt: Er kommt zum Leben. Das Leben wird nicht ohne Angst und Leid stattfinden, und der Mensch kann darin untergehen. Er kann sich auf keine Weise davor bewahren, schuldig zu werden, und vielleicht geht sein ganzes Leben an dieser Schuld zugrunde. Er hat auf alle Fälle den Tod vor sich, der aber ist endgültig, wenn ihn nicht einer sozusagen aus ihm herauszieht.

Früher war das deutlicher, als man die Kinder noch ganz ins Wasser tauchte, tief hinunter in die alten, tief ausgehauenen Taufsteine, und sie aus dem Wasser wieder heraushob. Diese Taufsteine bildeten, als wären sie die untere Hälfte einer Kugel, die untere Hälfte der Welt ab, in der das Leid, die Schuld und der Tod alles bestimmen. Aber der Mensch wird, das sagt die Taufe, aus seinem Leid, aus seiner Schuld und seinem Tod herausgehoben – in ein anderes Leben. Noch in der Zeit unserer Großeltern sagte man: »Wir heben ein Kind aus der Taufe.« Das Herausheben ist der entscheidende Vorgang.

*

Die Taufe sagt etwas über den Anfang eines Lebens. Sie sagt: Du kommst aus einem Uranfang, der seinen Hintergrund hat im Schaffen Gottes. Darum wird gesagt: Ich taufe dich auf den Namen des »Vaters«, der die Welt schuf und dich ins Leben rief. Du bist also nicht nur das Kind von zwei Menschen. Dich anerkennt der Vater alles Lebendigen als sein Kind. Aus dieser Herkunft kannst du nicht herausfallen, was immer im übrigen in deinem Leben geschehen mag. Deine Menschenwürde, die dir mit dieser Herkunft mitgegeben ist, kann dir niemand nehmen. Die Taufe kann man also auch als das Sakrament einer Adoption verstehen, einer Zugehörigkeit zu dem väterlichen und mütterlichen Gott. Deine Eltern wirst du eines Tages verlieren, deine Zugehörigkeit zu dem Gott, der dich geschaffen hat, wird bleiben. Du brauchst dich also von Angst und Leid und von deinem ganzen Schicksal nicht verschlingen zu lassen, sondern kannst sagen: Ich gehöre dir zu, Vater im Himmel!

Der oder die dich taufte, sagte dazu: »Ich taufe dich auf den Namen des Sohnes«, des Repräsentanten und Bevollmächtigten Gottes heißt das. An ihm kannst du ablesen, welcher Art Gott ist. An ihm nimmst du aber auch wahr, was aus dir selbst werden kann. Wir sollen, sagt das Evangelium, das Wesen des Christus so in uns aufnehmen und in uns wirken lassen, dass wir ihm dabei ähnlich werden. Das aber ist das Programm eines ganzen Lebens. Und wenn wir sterben, geschieht derselbe Tod an uns wie an ihm. Jesus Christus hat uns während unseres Lebens eine neue Art von Leben eingepflanzt. Das wird durch den Tod hindurchtreten und bestehen, wie es ihm selbst geschehen ist. Und wir werden ihm noch einmal ähnlich sein in einer neuen Lebendigkeit. Wir werden leben in Gott wie er.

Der oder die dich taufte, sagte dazu: »Ich taufe dich auf den Namen des heiligen Geistes.« Du bist ein eigener Mensch, und du empfängst dich selber aus dem Geist Gottes. Diese Identität bleibt dir. Er nannte deinen Namen und sagte damit: Dir darf wichtig sein, dass du ein bestimmter Mensch bist. Mit einer eigenen Bestimmung. Mit einer eigenen Freiheit. Mit einem eigenen Lebenssinn. Du bist kein nackter Affe oder irgendein Produkt einer biologischen Evolution, sondern ein Mensch mit einem hohen, mit einem im Grunde unendlichen Wert. Du brauchst dich nicht größer zu machen, als du bist. Du brauchst nicht an dir zu verzweifeln oder gar dich wegzuwerfen. Du kannst dich bejahen. Du bist erfüllt mit Gottes Geist. Du gehörst mit allen zusammen, die gleich dir ihr Leben aus dem Geist empfangen. Ihr seid miteinander eine Familie. Lebt nun aus diesem Geist des gemeinsamen Lebens. In einem Geist, der aus Gott ist.

Der oder die dich taufte, hat dich mit alledem für dein ganzes Leben an die Erfahrungen angeschlossen, die die Menschen jemals mit Gott gemacht haben und die sie heute machen können. Du kannst die Stimme deines Vaters überall hören, wo immer etwas ist oder geschieht. Du kannst ihn erkennen in der Gestalt, dem Wort und dem Weg des Jesus von Nazareth. Du kannst ihm in dir selbst begegnen, denn er spricht dich auch in deiner eigenen Seele an. Mit alledem kannst du einen roten Faden finden, der dich durch dein Leben führt.

Man hat früher vor allem die Erwachsenen getauft, und manche Kirchen tun das heute noch. Das hat Sinn. Wer getauft wird, sollte ja verstehen, was mit ihm geschieht. Und er sollte es gewollt haben. Heute taufen wir vor allem Kinder. Das hat auch Sinn. Denn was die Taufe uns mitgibt, das hängt nicht an unserer Bemühung, nicht an der Klarheit unserer Gedanken, nicht an unserer Bewusstheit, nicht an irgendeiner Art einer Bewährung, nicht einmal an irgendeiner Art von Glauben. Es wird geschenkt, wie uns das Leben überhaupt ohne unser Zutun gegeben wird. Und was den Tod betrifft, so geschieht auch unser

Schritt durch diese dunkle Erfahrung hindurch ins Licht, wie die Geburt eines Kindes geschieht, unabhängig von unserem Verstehen und als reines Widerfahrnis aus dem Willen Gottes.

Wir sind dreifach angesprochen

Wir reden von Gott als vom Vater, Sohn und Heiligen Geist. Was soll diese seltsame Ausdrucksweise? Entsteht dadurch nicht der Eindruck, wir Menschen könnten über Gott so reden, als wüssten wir, wie er in sich gebaut sei? Dass er nämlich sozusagen aus drei Teilen oder aus drei Personen bestehe und also keineswegs in sich eins sei? Was wissen wir denn? Ein Mittel, Gott zu beschreiben, haben wir nicht. Was wir wissen können, ist lediglich, auf welche Weise er zu uns redet, auf welchen Wegen also wir etwas von ihm erfahren.

Wir glauben zunächst von ihm, dass er der Schöpfer des Universums ist und seine Entwicklung steuert. Wir sagen: Er wohnt in einem Licht, das niemand wahrnimmt. Er wohnt in einem Dunkel, in das niemand eintritt. Wir wissen nichts von ihm außer dem, was er selbst uns von sich zugänglich macht. Und er spricht zu uns durch eine Welt. Nicht wir sind es, die die wundersamen Augen hätten, um ihn in seiner Schöpfung wahrzunehmen. Wir nehmen ihn wahr, wenn und soweit er selbst bereit ist, sich zu zeigen. Wir hören seine Stimme, wenn und soweit er selbst will, dass wir sie hören.

Wir glauben des weiteren, dass er uns mit einem klaren Wort in der Gestalt eines Menschen begegnet, dass er uns auf eine ganz eigene Weise sichtbar, greifbar, erkennbar, hörbar wird in der Gestalt des Jesus von Nazareth. Wir nennen darum Jesus den »Sohn«, was in der Sprache antiker Königshöfe den Vertreter des Königs selbst, des Staatsoberhaupts, also den ersten Minister bezeichnet. Den Bevollmächtigten, der in seinem Namen regiert und richtet. Wir begegnen Gott also aus dem Zusammenhang unserer menschlichen Geschichte in der Gestalt eines Menschen. Dieser Mensch sagt: Wer mich sieht, sieht den Vater. Er sagt nicht: Ich bin Gott.

Wir glauben zum dritten, dass Gott nicht nur aus der Vergangenheit zu uns redet, sondern auch in unserer Gegenwart. Dass er nicht nur zu anderen Leuten gesprochen hat, sondern sehr genau auch zu mir spricht. Die Chiffre für diese Sprache Gottes in mir selbst und zu mir ist die Rede vom »Heiligen Geist«. Überall, wo Menschen zum Glauben finden, wo sie Hoffnung fassen, wo sie fähig sind zu lieben, reden wir davon, der Geist Gottes habe es ihnen gegeben. Die Bibel spricht, wenn sie vom Geist Gottes redet, vom Wind, von einer Taube, von einem Feuer, das heißt von Weisen, wie uns etwas anrührt, wie uns etwas aus der Höhe herab besucht, wie etwas uns umschmilzt. Das aber alles sind Weisen, wie uns etwas entgegentritt, uns trifft, uns ändert. Was uns trifft, ist Geist aus Gott. Es will uns füllen, am Ende will es uns ausmachen. Wenn wir selbst etwas von Gott erfahren, schauen, vernehmen, so reden wir vom Heiligen Geist. Und wir gewinnen dabei Gewissheit, Stehvermögen, Angstfreiheit, Vertrauen.

*

Wir beschreiben mit alledem Gott also nicht. Wir sagen nicht, wie er in sich gebaut, gefügt, sozusagen konstruiert sei. Er ist in sich Einer. Wir beschreiben lediglich die drei Weisen, wie er sich uns Menschen eröffnet. Wir könnten also diesen einen Gott bekennen, indem wir sagen:

Wir glauben an dich, Gott.
Aus deiner Hand kommen alle Dinge.
Aus dir kann nichts fallen.
Aus deinem Plan kommen Glück und Leid.
Für uns und alle dein Geschöpfe.
In dich kehren wir zurück.

Wir glauben an Jesus, den Christus, unseren Bruder.
Er zeigt uns den Weg. Er steht uns bei.
Er zeigt uns dich als unseren Vater.
Er leidet unser Leid mit, und
er stirbt mit uns unseren Tod.
Er führt uns aus dem Tod ins Leben.

Wir glauben an den Heiligen Geist,
der uns erfüllt, wenn du ihn sendest,
der uns eint und zu deinem Volk macht.
Er tut uns das Herz auf für dein Wort.
Er ist das Licht, das unseren Geist erleuchtet,
und die Kraft auf unserem Wege.

Wir halten miteinander Tischgemeinschaft

Uns verbindet ein gemeinsames Essen und Trinken.

»In der Nacht, da er verraten ward,
nahm Jesus das Brot, dankte, brach's
und gab es seinen Tischgenossen:
Nehmt und esst. Das ist mein Leib,
der für euch gegeben wird.
Das tut zu meinem Gedächtnis.
Ebenso nahm er auch den Kelch
nach dem Mahl und sprach:
Dieser Kelch ist das neue Testament in meinem Blut.
Das tut, so oft ihr's trinkt, zu meinem Gedächtnis.«

Seitdem sind wir Tischgenossen Jesu, und auch mein Platz ist an seinem Tisch. Ich bin aufgenommen in einen Raum, in dem Frieden ist und der Friede mit Gott und den Menschen gefeiert wird. Denn seit Urzeiten schließt das Mahl die Fremden mit den Sesshaften zusammen, die Gäste mit den Gastgebern.

In den Tagen, in denen Jesus in seinem Land unterwegs war, speiste er von Haus zu Haus mit allen, die ihn an ihrem Tisch aufnahmen: mit den Schuldigen und den Verlassenen, mit den Frommen und den Gottlosen. Wenn er das tat, gab er ein Zeichen, dass nichts ihn und sie trenne und dass zwischen Gott und ihnen Frieden sei.

Darum feiern wir das Mahl zum Gedenken an ihn. Wir nehmen und geben einander Brot und Wein und verlassen uns darauf, dass Jesus gegenwärtig ist. Wir lassen uns nicht trennen durch das Trennende und feiern den Frieden, den wir von ihm empfangen haben.

An diesem Tisch ist auch mein Platz, zusammen mit allen Eingeladenen. Christus hat nicht gesagt, wie ich es erklären soll, dass das Brot sein Leib sei. Die Kirche hat es versucht zu erklären, und über ihren Erklärungen wurde die Kirche selbst, sein Leib, zerrissen.

Christus hat gesagt: Das tut! Ich werde es also mit jedermann feiern, der es mit mir feiern will: mit Katholiken und Reformierten, mit Lutheranern und Freigeistern. Mit allen, die hungert und dürstet nach Liebe und Gerechtigkeit. Ich gebe also jedem, der es will, das Brot und sage:

Das ist Christus.
Er spricht: Ich bin das Brot.
Nimm und iss!
Ich komme zu dir.

Ich bin bei dir.
Ich bin in dir.
Du wirst leben.
In Ewigkeit.

Das ist Christus.
Er spricht: Ich bin der Wein.
Ich will in dir wirken.
In dir reifen.
Bis du ganz in Gott bist.
Lebendig wie ich. In Ewigkeit.

Denn dieser Tisch ist das Zeichen für das kommende Reich des Friedens, in dem es weder Feinde noch Fremde, sondern nur noch Versöhnte und Erlöste geben wird. Darauf hinzuweisen ist unser Auftrag. Was aber nicht auf das Reich des Friedens hinweist, kann uns nicht verpflichten.

Ich bin dir nahe, sagt Jesus, wenn du zum Tisch kommst. Du brichst das Brot und lebst mit allen, die des Brotes bedürfen. Du trinkst den Wein, weil du an das Leben und an das Fest glaubst.

So gebe ich dir Brot und Wein. Mich selbst gebe ich, damit du lebst. Ich gebe dir sehende Augen für das Wunder des Brotes, für das Wunder der Erde, die voll ist von göttlicher Güte, für das Geheimnis des Opfers, das dir und allen Menschen das Leben schenkt.

Ich gebe dir sehende Augen für den Hunger der anderen, für das Leiden der Menschen, die sich im Hass verzehren um das Brot. Ich gebe mich dir, damit du mich weitergibst: die Liebe und das Brot.

Wir sind die Kirche

Mit alledem hören wir: Du brauchst nicht einsam und verlassen auf dieser Erde umherzulaufen. Du hast Menschen um dich, die wie du angesprochen sind und wie du beauftragt, selbst eine Stimme zu sein. Unter Christen heißt das: Du hast um dich eine Kirche.

Die Kirche hat ihren Ursprung in der Gruppe derer, die Jesus begleitet haben. Von ihnen aus hat sie weitergesagt und weitergetan, weitergegeben und weiterentwickelt, was sie über diese drei Stimmen Gottes sagen konnte, und wir sind ein Teil von ihr. Wir stehen damit in einer langen Reihe, und wenn wir verstanden haben, was da zu uns kommt, dann glauben wir wie sie. Wir lieben mit unserer kleinen Kraft, wie Jesus mit seiner großen geliebt hat. Wir trösten, indem wir auf ihn verweisen. Wir leben und stehen unser Schicksal durch nach dem Muster, das wir an Jesus sehen. Die Kirche, so fragwürdig vieles an ihr ist, tut immerhin das eine: Sie bewahrt die Nachricht von Jesus und gibt uns damit die Möglichkeit, auch selbst ihm zu begegnen.

Die Kirche ist nicht zuerst eine Organisation. Nicht ein Verein wie andere Vereine. Nicht eine Hierarchie. Nicht ein Machtapparat, nicht ein politischer Faktor. Sie ist zuerst und vor allem eine Gemeinschaft von Menschen, die durch ihren Glauben verbunden sind. Sie vertrauen darauf, dass, wo zwei oder drei unter ihnen zusammenkommen, Christus unter ihnen ist. Wo aber Christus ist, da ist Kirche.

Die Kirche hat ihren Sinn darin, dass da Menschen durch Jahrhunderte hin ihren Weg gemeinsam gehen, dass sie einander helfen, ihre Lasten zu tragen, dass sie einander Mut geben, dass sie einander Wege zeigen. Diese Kirche ist nicht durch Glaubensregeln eingezwängt und nicht durch Konfessionen. Sie ist weit wie die Welt und offen wie sie. Sofern und so weit in dieser Welt ein Wort von Gott ergeht, so weit reicht die Kirche. Soweit diese Welt eine zufassende Hilfe braucht, greift sie zu.

Die Kirche muss nicht einheitlich sein. Sie darf durchaus in verschiedene Konfessionen geteilt sein. Nicht ihre Einheitlichkeit, sondern ihre Lebendigkeit ist ihr Merkmal. Aber keine Konfession kann sagen: Wir allein sind die Kirche. Keine Konfession hat allein die Wahrheit, denn der Geist Gottes weht, wo immer er will, und er eröffnet Menschen die Wahrheit, auf welche Weise immer er will.

Die Kirche lebt, solange sie sich hingibt Es kann nicht ihr Ziel sein, sich und ihren Bestand zu hüten oder zu mehren. Sie muss ausstrahlen und verändern, für die Wahrheit eintreten, der Gewalt widerstehen, der Gerechtigkeit und dem Frieden dienen. Sie muss bereit sein zu leiden, wenn man ihr Unrecht tut, und tatkräftig mitzuleiden, wo anderen Unrecht geschieht.

Die Kirche muss sich immer bereithalten für ihre eigene Erneuerung. In keiner Generation kann die Kirche leben, wenn sie sich nicht erneuern lässt. Nichts kann in ihr gelten nur darum, weil es früher gegolten hat. Wo die Kirche ihre Arbeit tut, verändern sich Menschen und bilden miteinander aufs neue die Kirche. Es sind also immer Menschen nötig, die sich verändern lassen zu Mitarbeitern Gottes. Sie können Minderheiten sein, aber Minderheiten, die Festgefahrenes bewegen, alt Gewordenes erneuern, verborgene Irrtümer aufdecken und an das Licht der Wahrheit bringen. Gott braucht Menschen, die sich bewegen lassen von seinem Geist und die die Welt bewegen als Instrumente des Geistes Gottes.

*

Ob es uns gefällt oder nicht, ob wir es großartig finden oder nicht: Am Anfang unseres Glaubens, soweit dieser Anfang für menschliche Augen sichtbar ist, steht die Kirche.

Sie stützen, wenn sie zu fallen droht, ist besser, als sie stoßen. Gottes Geist für sie erbitten, wenn ihrem Wort der Geist mangelt, ist besser, als ihre Armut und Torheit geißeln. Sich etwas einfallen lassen, wodurch ihre Verkündigung stärker, genauer und unmittelbarer wird, ist besser, als die ganze Kirche ändern wollen und doch nichts tun. In aller Einfachheit sich dem größeren Ganzen einfügen, ist besser, als die Freiheit des Christen in der leeren Luft ansiedeln oder sie mit einer eingebildeten privaten Vollmacht ausstatten.

Wir glauben an eine heilige, allgemeine, christliche Kirche. Diese Kirche ist frei und gibt Freiheit. Sie kennt keine Grenzen. Sie ist so weit, so umfassend und ungreifbar wie der Geist Gottes selbst. Wer sie beschreibt, grenzt sie ein. Sie ist zugleich so sichtbar, so leibhaft und fehlbar, wie alle die Menschen sind, aus denen sie besteht. Wer sie vergeistigt, löst sie auf.

Wir glauben darum nicht, dass wir die Kirche ersetzen sollen durch eine weltliche Sozialordnung oder durch ein Friedensreich menschlicher Gerechtigkeit, und halten gegen die Meinung dieser Zeit die Wahrheit fest, dass Gott durch seine Kirche spricht und sprechen wird.

*

Der Sinn der Kirche leuchtet auf in dem, was Jesus von sich selbst sagt. Denn wir sind dazu berufen, uns in eine Gestalt des Christus zu verwandeln.

Jesus sagt von sich: Ich bin das Licht der Welt. Und er fügt hinzu: Ihr seid das Licht der Welt. Lasst euer Licht leuchten. Er sagt: Ich bin das Brot des Lebens. Und er sagt damit: Werdet nun auch ihr zu dem Brot, von dem die Menschen um euch her leben können. Er gibt den Seinen einen Kelch und sagt: Das bin ich. Trinkt daraus. Und wir hören: Lasst auch ihr euch trinken. Gebt die Kraft weiter, die von mir ausgeht. Seid Wein.

Er beschreibt sich selbst als den Hirten und sagt damit: Wo der Tod angreift, da stehe ich für euch zum Schutz. Wenn nun Menschen neben euch bedroht sind, dann seid Hirten für sie!

Er sagt: Ich bin die Tür. Wer durch mich eintritt, findet den Frieden. Seid nun selbst Türen, lasst ein, was kommen will.

Er sagt: Ich bin die Auferstehung und das Leben. Wer an mich glaubt, wird leben, auch wenn er stirbt. Bezeugt nun selbst das Leben denen, die ihren Tod fürchten.

Und weiter hören wir: Ich bin der Weg, die Wahrheit und das Leben. Lebt so, dass Menschen durch euch ihren Weg finden, dass sie durch euch der Wahrheit begegnen, dass sie durch eure Hingabe das Leben gewinnen.

Und zuletzt: »Ich und der Vater sind eins.« Wie ich, so werdet ihr eins sein mit dem Vater, der euch gegenüber ist und der euch in mir begegnet, in dem ihr seid und der in euch ist.

Der aber, dem nachzuleben und nachgestaltet zu werden wir bestimmt sind, Jesus Christus, sagt uns: Ihr seid nie verlassen. Ich bin bei euch alle Tage eures Lebens bis ans Ende der Welt.

V.

Wir haben etwas zu tun

Die Zehn Gebote zeigen die Richtung

Sie sind von der Kirche von jeher als die maßgebende Willensäußerung Gottes angesehen worden. Was sagen sie? Was sagt Gott durch sie?

1 Ich bin der Herr, dein Gott,
du wirst keine anderen Götter neben mir haben.

Nichts ist unbedingt wichtig für dich, nichts ist unbedingt maßgebend, was Menschen tun oder denken, auch du selbst bist es nicht. Du bist frei von allen Ansprüchen anderer. Unbedingt wichtig und groß ist Gott allein.

Du wirst Gott nicht in deinen Vorstellungen einengen. Er wird zwar für dich nur ein leeres Wort sein, wenn du ihn dir nicht vorstellst durch Bilder und Vergleiche. Aber bilde dir nicht ein, damit hättest du Gott in der Hand. Gott ist immer anders und größer als alles, was du dir vorstellst.

2 Du wirst den Namen deines Gottes Irdischem nicht beilegen.

Nichts Irdisches, nichts von Menschen Gemachtes kannst du »gottgestiftet« nennen oder »gottgewollt«. Du kannst dich ihm nicht unterwerfen. Was Menschen tun, sagen oder dir auferlegen, musst du prüfen und darfst du ändern.

3 Du wirst den Feiertag heilig halten.

Du nimmst dir Zeit, damit Gott in dir wirken kann. Klammere dich nicht an Leistung und Erfolg. Du widerstehst nach deiner Arbeit allem Zwang, um zu ruhen, zu spielen und zu feiern und frei zu sein für dich selbst, für die Menschen und für dein Leben in Gott.

4 Du wirst deinen Vater und deine Mutter ehren.

Du achtest deine Eltern und dankst ihnen. Du sorgst für die Alten und Einsamen. Du gibst ihnen Geborgenheit und lässt sie nicht verkümmern.

5 Du wirst nicht töten.

Du bewahrst deine Mitmenschen vor Unrecht und Gewalt und vor dem Tod, den irgendwer ihnen zufügen möchte, vor Entwürdigung und Verwundung an Leib und Seele. Du stehst ihnen in Leiden und Krankheit bei und gibst Gut, Zeit und Kraft, damit sie leben und gedeihen können.

6 Du wirst die Ehe nicht brechen.

Du hältst zuverlässig zu deinem Gefährten und trägst dein Schicksal mit ihm gemeinsam. Du gibst ihm Halt durch deine Treue und gehst nicht eigensüchtig nach Liebe aus. Du bist bereit, wenn er schuldig geworden ist, neu mit ihm anzufangen.

7 Du wirst nicht stehlen.

Du achtest das Gut des andern und sorgst für gerechten Ausgleich der Güter, denn alles, was du hast, ist dir geliehen. Gott will, dass jeder sein Lebensrecht mit Rücksicht auf das Recht des anderen wahrnimmt.

8 Du wirst deinen Mitmenschen nicht verleumden.

Du stiftest keine Feindschaft mit dem Wort. Du schadest keinem Menschen durch eine Lüge, sondern nimmst ihn in Schutz, indem du die Wahrheit sagst oder schweigst. Du hütest das kostbare Gut der Wahrheit, indem du liebst und verstehst.

9 / 10 Du wirst nicht begehren, was nicht dein ist.

Du hütest dich vor dem Neid und vor der Sucht, alles haben zu wollen an Gütern, an Vorzügen und Freiheiten. Du erkennst deine Grenzen und bejahst deine Bestimmung.

*

Alle Gebote und Gesetze Gottes sieht die Bibel zusammengefasst im Gebot der Liebe:

Du wirst lieben Gott, deinen Herrn, von ganzem Herzen, von ganzer Seele und von ganzem Gemüte. Dies ist das vornehmste und größte Gebot. Das andere aber ist dem gleich: Du wirst deinen Nächsten lieben wie dich selbst.

Ist uns diese Erklärung zu knapp, so können wir sie auch ausführlicher versuchen. Etwa so:

Das erste Gebot

Prüfe täglich, wie die Götter heißen, vor denen du dich fürchtest und denen du dich beugst. Prüfe täglich, woran dein Herz hängt, und ob es festen Halt dadurch gewinnt oder ob es seinen Halt dadurch verliert. Lieben heißt: an etwas hängen, das Halt hat und Halt verleiht. Und darum heißt Lieben: dem anderen Halt geben können. Prüfe täglich, worauf du dich verlässt. Auf wen oder was du dich am meisten verlässt, der oder das ist in Wahrheit dein Gott. Du sollst aber keine anderen Götter haben als den, der dein und aller Menschen Vater ist.

Das zweite Gebot

Prüfe täglich, wie ernst du die Tatsache nimmst, dass Gott da ist. Das Wort, das du über Gott sprichst, das Wort, mit dem du seinen Namen nennst, wenn du einen Augenblick nicht auf dein Wort acht hast, ist ein Zeichen dafür. Du sollst aber den Namen Gottes nicht in den Mund nehmen, wenn du dabei so tust, als hörte er nicht zu.

Das dritte Gebot

Prüfe, wie breit der Raum ist, den du Gott in deinem Herzen, in deiner Zeit, in deinen Gedanken, in deinen Entscheidungen einräumst. Nicht an den Feiertagen allein, sondern vom normalen Morgen bis zum normalen Abend. Prüfe, wie viel du schweigst. Wie viel du hörst und wie viel Stille in dir ist. Denn es geht darum, Gott zu lieben von ganzem Herzen, von ganzer Seele und mit allen Kräften. Und zu tun, was du tust, vor den Augen Gottes, den du liebst, und nicht vor denen der Menschen.

Das vierte Gebot

Ehren heißt: Durch den Menschen, der vor dir steht, hindurch etwas anderes sehen: ein Geheimnis Gottes, einen Anruf Gottes, einen Auftrag Gottes. Wenn du deine Eltern liebst, tust du etwas Natürliches. Wenn du sie ehrst, tust du etwas, mit dem du mehr meinst als deine Eltern. Du ehrst also keinen Menschen, auch deine Eltern nicht, mehr als Gott. Also ehre sie nach dem Maß, das ihnen zukommt.

Das fünfte Gebot

Gott gab dir das Leben. Schütze, was lebt. Hass ist ein Angriff auf das Leben des anderen, ist Wille, ihn auszulöschen. Wie du es verantworten sollst, einem Menschenkind das Leben zu schenken, so verantwortest du auch, was aus Leben, Gesundheit und Glück des Menschen neben dir wird. Du kannst nicht verschieden urteilen über eine Unterdrückung, durch die ein Mensch um sein Leben gebracht wird, über Todesstrafe oder Töten im Krieg oder verantwortungslose »Hilfe zum Sterben«. Was hier gilt, muss auch dort gelten.

Das sechste Gebot

Du gehst nicht lieblos auf die Suche nach Liebe. Du wirst, so meint das Gebot, nichts tun, das den anderen Menschen, den du liebst, verletzt, enttäuscht, beschämt, bedroht oder entwürdigt. Ehebruch aber kann geschehen, auch wo kein Dritter beteiligt ist. Unzählige Ehen werden in der Zweisamkeit gebrochen. Brutal, rücksichtslos, genusssüchtig. Eine Ehe kann nach außen hin gebrochen werden und nach innen wieder heilen. Sie kann nach außen hin intakt sein und täglich gebrochen werden. Auch eine christliche Ehe. Erpressung ist Ehebruch. Wer sagt: Wenn du mich liebst, dann tust du dies oder dies, hat die Gemeinschaft der Liebenden bereits verlassen. Ehe heißt, miteinander alt werden. Liebe bezieht sich also im Ernstfall auf einen unansehnlichen Menschen. Treu sein kann, wer warten gelernt hat. Wer darum glücklich werden will, lerne warten. Er lerne es vor der Ehe. In der Ehe muss er es können.

Das achte Gebot

Du achtest auf dein Wort. Nur, was zutrifft, ist wert, gesagt zu werden. Schweige, wenn du nichts zu sagen hast, und rede, wenn du etwas zu sagen hast. Und sage es so klar, dass man es versteht. Du brauchst keine großen Worte, damit man dir glaubt. Du brauchst keinen Eid, um einen

Menschen zu überzeugen. Sprich über keinen Menschen ein nachteiliges Wort, auch wenn es wahr ist, was du über ihn sagen könntest. Wenn du einen Menschen durch Schweigen schützen kannst, dann schweige. Du musst nicht zu jedem Menschen sagen, was du über ihn denkst. In unserer Zeit wird geredet wie noch nie. Aber achte auf dein Wort. In deinem Wort bist du selbst. In deinem Wort trittst du ans Licht.

Das siebte, neunte und zehnte Gebot

Du strebst nicht nach dem, was nicht dein ist. Du unterscheidest also, was dir gehört und was dir nicht gehört. Was du bist und was du nicht bist. Was dir entspricht und was dir fremd ist. Mit diesem Gebot sanktioniert die Bibel nicht die bestehenden Eigentumsverhältnisse, sondern schützt die Menschen davor, über sich und ihre Rechte hinauszugreifen. Nicht das Eigentum wird geschützt, sondern der andere Mensch. Denn der Diebstahl beginnt beim Neid. Beim Wünschen. Bei den Gedanken an das Fremde, das man sich aneignen möchte. Beim Wunsch, der andere möge nicht sein Besitzer sein.

*

Willst du dich selbst ins Auge fassen, so kontrolliere dich. Mach einen Versuch. Schreibe auf, was es ist, was du wirklich glaubst und was du tatsächlich zum Maß deines Handelns machst. Es könnte sein, dass etwas ganz anderes zum Vorschein kommt. Etwa das, was bei vielen Menschen danach auf dem Papier stünde:

Ich glaube an meinen Beruf, an meine Begabungen, an mein Recht, an meine Freiheit, an mein Durchsetzungsvermögen. Ich glaube, dass das Leben besser wird, wenn ich mehr Geld habe, und mehr Macht über andere. Ich glaube an den freien Markt der Kräfte und an das Recht des Stärkeren. Ich glaube an die Liebe, die mir jeder schuldig ist, von dem ich sie erwarte. Ich glaube, dass Anständigkeit zwar gut ist, aber sich nicht lohnt. Ich glaube, dass die Wahrheit keiner hören will, sondern lediglich das Gerede, das ihm recht gibt. Ich glaube, dass es nicht anders möglich ist als so, dass Millionen auf dieser Erde verhungern, und zwar oft genug durch eigene Schuld, und dass wir in Europa und Amerika haben, was uns zusteht. Ich glaube, dass ich Erde, Luft und Wasser verbrauchen kann und dass ich für spätere Zeiten keine Verantwortung trage. Ich glaube auch, dass ich als Christ sicher sein kann, dass Gott mir wohlgefällig ist, unabhängig davon, was ich tue.

Du kannst natürlich ins Unendliche so weitermachen und vielleicht viel weniger offensichtlich immer noch dir selbst verfallen sein. Aber dann formuliere noch einmal, was du diesem schrecklichen Glauben entgegensetzen willst. Es wird dir viel dabei klar werden.

Jesus gibt uns die Chance eines Anfangs

Jesus begann mit den Menschen, die er in ihrer Verwirrtheit und Angst antraf, so, dass er ihnen ein neues Bild ihrer selbst verschaffte. Er sagte ihnen: An euch ist nicht das Wichtigste, dass ihr Versager seid. Dass man euch als Abfall ansieht. Nein, ihr seid Erde. Ihr seid ein Acker. Ich werfe eine Saat in euch. Gebt ihr Raum. Aus ihr wird der Sinn und Ertrag eures Lebens hervorwachsen. Aus eurem Leben kann etwas Schönes entstehen. Was ich das »Reich Gottes« nenne, kann in euch wachsen, und am Ende wird sich zeigen, dass ihr an dem großen Ziel der Menschheitsgeschichte das Eure mit bewirkt habt. Jesus beginnt also nicht damit, dass die Menschen etwas Bestimmtes, Frommes oder Moralisches zu tun hätten, durch das sie aus dem Sumpf ihrer Lebensgeschichten herauszukommen hätten, er beginnt vielmehr umgekehrt damit, dass er ihnen ihre Würde zurückgibt. Dass er ihnen zeigt, was aus ihnen werden kann, dass er sie ermutigt. Dass er sie befähigt zu werden was ihnen bestimmt ist.

Wenn Jesus also einem Menschen gegenüber stand, so sagte er ihm als erstes: Du bist ein Licht! Also leuchte!

Man zündet eine Lampe nicht an, um einen Eimer darüber zu stülpen. Man stellt sie frei auf. Brenne also und leuchte und lass frei von dir ausgehen, was in dich gelegt ist. Habe den Mut, zu sein, was du bist: ein freier Mensch, berufen, ein Licht zu sein.

Ein zweites sagte er ihnen, dem Mann oder der Frau: Du bist ein ganzer Mensch. Also teile dich nicht. Du kannst nicht zwei oder drei Herren zugleich dienen. Zum Beispiel nicht Gott und dem Geist des Geldes. Du kannst auch die Menschen deiner Umgebung nicht teilen in die Guten, die du liebst, und die Bösen, die dein Hass trifft. Gott lässt seine Sonne über den Guten und den Bösen scheinen. Er ist eins in sich. Sei also aus einem Stück. Sei ganz in dem, was du glaubst, ganz in dem, was du liebst, was du tust. Sei ein Licht für alle Menschen.

Ein drittes: Stütze dich nicht auf etwas, das vergeht. Sammle dir keinen Reichtum. Was ist denn wichtiger: das Gepäck, das du trägst, oder der Weg, den du gehst? Je schwerer das Gepäck, desto kürzer wird die Strecke sein, die du zurücklegst. Du kannst keinen Möbelwagen mitnehmen, wenn die Tür eng wird. Du bist frei in dem Maß, in dem du Ballast ablegst. Du brauchst keinen Reichtum zu suchen. Du bist schon reich. Darum verschwende dich. Ein blühender Baum schafft Millionen Samen. Wenige fallen in die Erde und wachsen auf. Das ist Verschwendung. Aber so ist das Leben. Du bist entstanden aus der verschwenderischen Schaffenskraft Gottes. Gott legt seine Liebe in dich, damit du sie weitergibst. Überall hin.

Ein viertes: Du hast deinen Wert daraus, dass Gott dich Wert achtet. Suche also keinen Applaus von den Menschen. Es ist üblich, dass man oben sein will, dominieren, geehrt sein, anerkannt, dass man eine herrschende Position sucht. Aber du stellst deinen Wert am glaubwürdigsten dar, wenn du zeigst, woher du ihn hast. Wenn du sagst, dass er dir geschenkt, dass er dir verliehen ist von Gott selbst. Und du wirst ein freier, unabhängiger Mensch sein.

Ein fünftes: Du hast Augen, also nimm dich selbst wahr mit allen deinen Fragwürdigkeiten. Du eignest dich nicht zum Richter für andere Menschen. Richte niemand, verurteile keinen. Du bist nicht besser als er. Was euch verbindet, ist das Krumme an ihm und an dir. Was euch verbindet, ist wichtiger, als was euch unterscheidet. Kein Heiliger ist ohne Vergangenheit und kein Verbrecher ohne Zukunft.

Ein sechstes: Fürchte dich vor niemand. Du bist nicht bedroht. Du bist gehalten. Du lebst im Schutz der Kraft Gottes, die um dich ist. Und aus der Kraft Gottes in dir selbst. Du hast deinen Weg und brauchst dich nicht zu fürchten vor Gefahren, die an ihm drohen, nicht vor einer Macht, die ihn verstellen könnte. Was dir begegnen kann, ist immer kleiner als Gott, der dich ruft. So geh.

Ein siebtes: Dir ist das Leben gegeben und eine bestimmte Lebenszeit. Verbrauche also nicht das Leben und deine Zeit, verbrauche keine Energie mit Sorgen. Du richtest wenig mit ihnen aus. Du kannst dir überlegen, was du tun musst, um dein Leben zu erhalten. Aber tu es, ohne dich dabei im Kreis zu drehen. Vielleicht fällt uns hier auf, dass in Jesus etwas ungemein Heiteres war, eine lächelnde Überlegenheit. Du kannst dein Leben mit allen deinen Sorgen nicht um einen halben Meter länger machen, sagt er. Wichtiger ist, ob etwas wie Gerechtigkeit von dir ausgeht oder etwas wie Frieden. Behalte dein Ziel im Auge, alles andere ist von geringerer Wichtigkeit.

Ein achtes: Dir ist Glück zugedacht. Geh darauf zu und sei glücklich. Jesu wichtigste Rede, die Bergpredigt, beginnt mit einem Hymnus auf das sinnvolle, glückliche, gelingende Leben. Sie setzt ein mit dem Ruf: Folgende Menschen sind glücklich! Glücklich sind nicht die, die meinen, sie seien selbst groß. Glücklich sind, die wissen, wie sie Trost finden. Die Geduldigen, die Sanften, die Freundlichen. Die Gerechtigkeit suchen. Die Barmherzigen. Die mit dem reinen Herzen. Glücklich sind die, die Frieden zu stiften vermögen. Sie sind von Gott gesegnet. Sie sind in Gott zu Hause. Sie sind geborgen. Wir kommen noch einmal auf diese seltsame Lehre vom Glück zurück.

Ein neuntes: Was dir misslingt, kann dich nicht gefährden. Du brauchst also nicht so zu tun, als seist du tadellos und fehlerfrei. Du bist es nicht. Aber das trennt dich nicht von Gott und von dem Ziel, das dir zugedacht ist. Dein Herz mag dich anklagen, aber Gott wird größer sein als dein Herz. Er sieht nicht nur alles, was du tust, sondern vor allem den von ihm geliebten Menschen, der du bist. Darum steh zu dem Menschen, der du in Wahrheit bist und der du bleibst in Gottes Augen.

Und ein zehntes: Du hast ein Ziel. Wende dich ihm zu. Kläre, wofür es lohnt, Kräfte einzusetzen. Unterscheide zwischen wichtig und unwichtig, zwischen einem Berg und einem Maulwurfshügel. Dir ist Erfüllung zugedacht. Es gibt etwas, das größer ist als dein Herz und dein Kopf: das Reich Gottes. Setze alles auf dieses eine Ziel, bis dich nichts mehr so erfüllt wie die Sehnsucht nach der ungeteilten Welt Gottes und der Menschen.

Und nun fang an! Du kannst es!

Und wir verstehen dabei: Jesus verstand sich als Arzt. Etwas vom Sichersten, das wir von ihm wissen, ist, dass er als Heiler aufgetreten ist. »Sie sind krank. Sie brauchen einen Arzt«, sagt er. Das Ziel der Heilung war ihm die aufrechte Gestalt eines freien, zu eigener Entscheidung fähigen Menschen in einer stützenden Gemeinschaft. Das Wort »Therapie« bedeutet, genauer verstanden, den gärtnerischen Umgang mit der Erde. Es heißt, den Boden bereiten für das, was dann in ihm gedeihen soll. Vielleicht lesen wir doch einmal auch die merkwürdigen Wundergeschichten aus den Evangelien neu auf diese Weise. Heilung ist der Ausgangspunkt, von dem aus Jesus uns unseren Weg zeigt.

Er beschreibt unseren Weg

Wir sind gewöhnt, unser Leben als einen »Weg« zu bezeichnen. Und wir haben die Übung, uns auf unseren Weg einzustellen, indem wir bestimmte sinnvolle Schritte gehen. In unserer Zeit wird der »Pilgerweg« neu entdeckt, und er hilft uns, die Zielgerichtetheit unseres Lebens neu zu begreifen. Das Wachstum eines Glaubens ist ein »Weg«. Die Entwicklung der Kräfte des Geistes und der Seele, das ganze Leben ist ein Weg, den auch der Tod nicht beendet.

So sind die Berufungen, mit denen Jesus seine Weggenossen auswählt und auf seinen Weg ruft, außerordentlich charakteristische Vorgänge. Du dort!, ruft er einen an. Ich brauche dich! Komm! Du bist nicht festgelegt, du kannst aufstehen, wenn ich rufe.

Damit sagt er: Du bist freier, als du denkst. Du kannst umkehren. Du kannst einen neuen Anfang machen. Du kannst Gewohnheiten ändern, Überzeugungen überprüfen. Du kannst dich ändern, wenn du willst, auch wenn es schwer fällt. Du bist nicht festgelegt. In dem Augenblick, da dich ein Ruf trifft, hast du die Chance, frei zu sein. Nicht festgelegt, Jesus? Auch nicht durch meine Pflicht? Nein. Auch nicht durch meine Familie? Nein. Auch nicht durch meine Erbmasse? Nein. Auch nicht durch mein Milieu? Nein. Auch nicht durch meine seelischen Schwierigkeiten? Nein. In dem Augenblick, da du einen Ruf aufnimmst, bist du frei.

Und mancher stand auf und ging mit. Zöllner ließen ihre Kassen stehen, Aufständische ihre Waffen liegen, Fischer ihre Boote. Aber was soll ich jetzt tun? Du sollst den Menschen das ganz Andere, das Neue, das Kommende zeigen, das Reich Gottes, und sie frei machen, wie du frei bist.

Du brauchst keine Waffe. Kein Gepäck, nur dein Wort. Du gehst durch eine schmale Tür und kannst nicht viel mitnehmen. Du gehst einen schmalen Weg, aber du gehst ihn als freier Mensch mit weitem Herzen.

Das wird vielen nicht gefallen. Du wirst einsam sein. Man wird dich belächeln. Ablehnung, Naserümpfen, Schulterzucken. Dann geh weiter und sieh auf mich. Es wird dir nicht besser gehen als mir. Mich nennen sie einen Verrückten. Dich werden sie einen Dummkopf nennen. Mich nennen sie einen Teufel, vielleicht wirst du in ihren Augen ein Verbrecher sein.

Aber fürchte dich nicht. Sie können deine Seele nicht antasten. Ein Sperling ist ohne Marktwert. Aber keiner fällt zur Erde, wenn sein Vater im Himmel nicht will.

Man wird dich zur Rede stellen: Was soll der Unsinn? Aber dann sorge dich nicht, was du antworten sollst. Wer die Wahrheit liebt, hat auch das Wort.

*

Das erste, was Jesus mir sagt, ist: Du bist ein eigener Mensch mit einem eigenen Gesicht und einem eigenen Verstand. Werde nun der, den Gott mit dir gemeint hat. Werde du selbst. Du kannst es. Das zweite ist: Ich rufe dich nicht in eine Träumerei. Ich suche dich auf der Erde. Du hast einen Beruf, du hast Verantwortungen. Um dich her sind Menschen. Nimm sie an. Bei ihnen findest du mich. Ein drittes: Du bist dazu berufen, ein freier Mensch zu sein. Du kannst dich von vielem lösen, an das andere gebunden sind. Von Interessen, von Vorurteilen, von Zwängen. Und dann binde dich neu und gib deine Freiheit dahin.

Ich finde es befreiend, dass Jesus so eindeutig vom Dienen spricht. Dass er mir eine Aufgabe zeigt, die lohnt und Sinn hat. Dass er nicht sagt: Wer alles hat, ist glücklich. Dass er nicht sagt: Mach die Konkurrenz fertig. Dass er nicht sagt: Wer sich anpasst, überlebt. Dass er nicht sagt: Hauptsache, du setzt dich durch. Du kommst vorwärts. Du machst dir einen Namen. Sondern: Du bist glücklich, wenn du weißt, wofür du lebst. Lass dich von den Gesetzen, die um dich her gelten, nicht beherrschen. Setze dich auf den letzten Platz und lass andere sich streiten um die besseren Plätze. Es gibt Wichtigeres als deinen Platz.

*

Man redet heute immerfort von den »christlichen Werten«, die meisten davon aber haben mit dem christlichen Glauben nichts zu tun. Jesus zeigt uns nur zwei Grundwerte, an denen sich alles ausrichtet. Der eine ist die Liebe. Der andere ist der Verzicht auf die eigene Größe. Der Verzicht des Mächtigen auf Macht. Der Verzicht auf Rang und Namen. Der Verzicht auf den Anschein von Vollkommenheit. Insgesamt der Verzicht auf jede Art von Status. An ihm messen wir, was Jesus wirklich von uns fordert.

Jesus sagt also etwa dies:

Du bist gejagt von deiner Sorge um dich selbst. Lege sie weg. Vertraue. Du musst dich gegen niemanden behaupten. Tu das Deine in Frieden.

Du fürchtest, im Kampf um deinen Platz im Leben den Kürzeren zu ziehen. Lass diese Furcht. Zieh ihn, den Kürzeren.

Du hast Angst, dass dir etwas entgeht. Lass sie. Lass es dir entgehen.

Du streitest gegen alle möglichen Feinde und Konkurrenten. Lass das. Du hast keine Feinde.

Du suchst Macht über die Jungen, oder du suchst Macht über die Alten. Du suchst Macht über die, die unten sind, oder gegen die, die oben sind. Warum? Lebe freundlich und strahle Gelassenheit aus. Und verändere an den Strukturen deiner Umwelt, was du im Frieden tun kannst.

Du willst obenauf sein. Mehr sein als andere. Lass das, lass dich missachten.

Du prozessierst, wenn du im Recht bist. Lass das. Suche in deinem Gegner einen Menschen wie dich selbst.

Du willst, dass du Recht hast. Lass das, sage schlicht, was wahr ist. Du bist darauf aus, anderen gegenüber etwas darzustellen, aber wichtiger ist, dass du deine dir zugedachte wirkliche Gestalt findest.

Du wirst mit alledem für einen Träumer gehalten. Störe dich nicht daran. Du hast die Zukunft auf deiner Seite.

Das Besondere an den Weisungen, die uns Jesus gibt, ist dieses Durchgehende: Lass es. Es ist unnötig. Sei, was du bist. Sei, was Gott in dir sieht. Und lass den anderen gelten. Das Besondere ist, dass das Tun eines Christen frei aus einem gelassenen Menschen heraus geschieht. Und dass der seine Gelassenheit aus der Nähe eines vertrauenswürdigen Gottes nimmt.

*

Noch einmal: Wenn du etwas für den Frieden tun willst, dann darfst du nicht siegen wollen. Solange du siegen willst, befindest du dich in einem Krieg und willst gewinnen. Wer noch siegen will, stiftet keinen Frieden. Wenn du etwas tun willst für die Gerechtigkeit zwischen den Alten und den Jungen oder zwischen den Reichen und den Armen, dann sieh zu, dass du sie nicht mit deinem eigenen Rechtsanspruch verwechselst. Es gibt auch das Recht des anderen. Darum: Wer noch auf seinem Recht besteht, der kann Gerechtigkeit nicht wollen.

Versuche, ohne Hass auszukommen. Wenn du gegen irgendjemanden Hass empfindest, wirst du ihn nicht verstehen. Du verstehst nur den Menschen wirklich, dem du wenigstens etwas von Liebe entgegen bringst. Das ist ein strenges Lebensgesetz. Willst du also jemand verstehen, so liebe ihn, sonst bleibt er dir unbekannt.

Versuche, ohne Gewalt auszukommen. Ohne Gewalt zu denken. Ohne Gewalt in Worte oder in Handlungen zu fassen. Gewalt trennt dich auf alle Fälle von dem Menschen, den du vor dir hast. Solange du also Gewalt denkst, kannst du für die Heilung der Verhältnisse zwischen den Menschen nichts tun.

Versuche es mit der Wahrheit. Auch wenn es eine Wahrheit ist, die gegen dich spricht. Verzichte auf alle Selbstrechtfertigung und alle Rechthaberei. Du übersiehst sonst, dass es durchaus sein kann, dass der andere Recht hat. Wer noch Recht haben will, kann nicht die Wahrheit sagen.

*

Man spricht statt von Werten auch von Tugenden. Zwei Tugenden sind es, die für Jesus sehr weit vorn stehen. Es sind die Achtsamkeit und die Berührbarkeit. Achte auf das, was um dich her geschieht. Halte Augen und Ohren offen. Höre, was gesagt und was geklagt wird. Achte auf das, was in dir selbst geschieht und durch dich. Und kontrolliere die Weise, wie du auf alles achtest. Es muss in Liebe geschehen. Und lass dich berühren von dem, was um dich her geschieht. Lass es dir ans Herz gehen oder an die Nieren, und wenn deine Hand gebraucht wird, dann greif zu. Finde dich nicht ab mit Lüge, Ausbeutung, Gewalt, Erpressung und Drohung. Tritt ein für die Verleumdeten, für die Gedanken der Unbequemen und für die Hoffnung derer, die von einer besseren Zukunft träumen. Und weite deine Achtsamkeit aus auf alles, was auf dieser Erde geschieht. Auch auf das, was der Erde selbst an Unheil von den Menschen zugefügt wurde, auch von dir selbst. Auf diesem Feld wird eine der wichtigsten Aufgaben für einen Christen in der Welt von heute und mor gen anzutreffen sein.

*

Begegne dem Leben insgesamt mit Güte. Das meint, dass einer es mit dem Leben, wie es ist, gut meint. Und dann nimm wahr, was von all dem im Leben der ungezählten Menschen neben dir mangelt. Du hast keiner Moral zu gehorchen und keiner Konvention. Geh all die dunklen

Wege mit, auf denen sie vielleicht mit letzter Kraft gehen. Geh alle die Wege mit, die ohne Hoffnung gegangen werden. Geh mit in den tiefen Tälern, von denen aus keine Gipfel zu sehen sind, und mach so dein Tun dem ähnlich, was du an Jesus Christus siehst. Und lass Mut von dir ausgehen, Mut zum Leben, und das Vertrauen, dass das Leben etwas sei, das gelingen könne.

Meine aber nicht, es müsse dies alles im ersten Anlauf gelingen. Vielleicht gelingt dir ein Anfang. Danach ein zweiter oder dritter Schritt. Und sei gewiss, dass der, der dich in ein solches Leben ruft, dich dabei begleitet. Zweifle auch nicht an dir selbst angesichts der Bruchstückhaftigkeit, die du an dir erlebst. In Gottes Augen ist es ein Ganzes. Es ist ein in Gott begonnenes und auf Gott hin geführtes Leben. Dir sind Kräfte anvertraut. Mehr als anderen. Oder weniger als anderen. Das braucht dich nicht zu kümmern. Viel oder wenig ist ein geringer Unterschied. Wichtiger ist, ob einer, was er empfangen hat, in Hingabe verwandelt.

VI.

Vor uns das Leben

Die seltsame Lehre vom Glück

Die Bergpredigt, die wichtigste Rede, die wir von Jesus haben, beginnt mit einem Hymnus über das Glück. Sie beginnt mit den so genannten Seligpreisungen, in denen Jesus von den Menschen spricht, die glücklich sind darum, weil sie die Zukunft vor sich haben.

Er spricht von »Seligkeit«. Und viele sagen: Das gilt für drüben. Für später. Also: Selig sind die Armen, denn sie werden reich sein. Drüben. Später. Selig, die nach Gerechtigkeit hungern, sie sollen satt werden. Drüben. Später. Aber mir scheint, bloße Vertröstung sei nicht die Sache Jesu.

Andere sagen: Das gilt für heute. Selig seid ihr, denn ihr werdet die Welt verändern:
Selig, denn ihr schafft Gerechtigkeit.
Selig, denn ihr schafft Frieden.
Selig, denn ihr schafft neue Menschen.
Ihr baut das Reich Gottes auf dieser Erde. Ihr werdet satt durch Gerechtigkeit.

Mir scheint, dies alles habe Raum in den Gedanken Jesu. Mir scheint, er meine das eine und das andere gleichermaßen.

Selig sind, denen das Heute, das Morgen und die Ewigkeit eins sind. Eins die Erinnerung, die Tat und die Hoffnung. Die nicht zertrennen, was eins war für Jesus.

Selig sind sie. Sie haben festen Stand. Sie beteiligen sich an einer lohnenden Arbeit. Sie finden ihren Weg und ihr Ziel. Sie sind auf der Spur zum wirklichen, bleibenden Leben.

*

Aber ich stelle meine Fragen an Jesus.
Du sagst: Das Glück werden finden, die arm sind an dem, was der Geist geben will. Du sagst: Einen Glückwunsch den Armen, deren Armut Mangel an Gottes Geist ist. Du meinst also nicht die Starken, die das stärkere Leben suchen, indem sie die Armut wählen, die Asketen, die Weisen, sondern die anderen, deren Armut in hoffnungslosem Elend besteht, im Elend der Seele.

Du meinst also die, die Mangel leiden an innerem Maß, an Lebensfähigkeit des Geistes. Denen Hoffnung und Glaube fehlen, das Vertrauen auch, dass ihr Leben ein Ziel hat und eine Hand sie führt, dass einer da ist, der sie kennt und der auf sie acht hat.

Du nennst sie glücklich, weil diese Armut nicht ihre letzte Erfahrung ist. Sie sind glücklich, weil sie vor der Tür stehen, der Tür zum Reich Gottes, und weil sie darin sich unterscheiden von denen, die alles haben, alles wissen und allen überlegen sind. Die also nichts mehr zu wünschen brauchen.

Du sagst: Das Glück werden die Leidenden finden, denn sie sollen getröstet werden. Ich weiß nicht, ob du nur das kleine Leid meinst, das ich trage, oder auch das große der vielen anderen um mich her. Aber ich glaube, dass du beide meinst.

Selig also sind die, die das eigene Leid tragen und mittragen am Leid der anderen. Sie sollen getröstet werden. Mehr: Sie sollen trösten können. Sie lernen den Trost, den sie empfangen, weiterzugeben.

Selig sind wir, die Leid tragen, denn wir gehen mit Christus, der unser aller Leid trug. Unser Leidtragen ist Leiden mit Christus. Unser Trost ist Leben mit Christus. Selig sind wir, die das Leben leiden bis an die Grenze, die der Tod ist, und den Tod bis an die Grenze, die das Leben ist. Denn mit uns, bei uns, in uns ist Gottes gütige Führung.

Du sagst: Die Sanften werden das Glück finden. Das Wort klingt weich und missverständlich. Du meinst aber: die behutsam und freundlich sind, und geduldig der Zukunft zugewandt. Sie werden auf dieser Erde leben und zuhause sein.

Selig sind also nicht die Täter, die das Glück der Erde herbeizwingen, sondern die, die warten können, mit langem Atem. Denn das eigentlich erlösende Werk tut Gott. Des Menschen Teil ist die hingebende Arbeit in der Geduld.

Selig also auch, die mit der Erde, der bedrohten, behutsam umgehen. Schonend und freundlich. Sie tun, was die Erde braucht. Selig sind sie, denn sie enden nicht in der Verzweiflung der erfolglosen Täter. Sie stehen auf der Erde und wirken für das Leben der Erde und ihre Verwandlung mit der Kraft Gottes. Es wird eine der großen Aufgaben der Kirche sein in den kommenden Zeiten.

Du sagst: Das Glück werden finden, die hungern und dürsten nach Gerechtigkeit. Sie sollen satt werden.

Wenn wir die Menschheit betrachten rund um den Erdball, finden wir sie zerrissen in Gesegnete und Verfluchte. In Ausbeuter und Unterdrückte. In Satte und Hungernde. Du wolltest aber eine geschwisterlich lebende Menschheit. Selig sind für dich darum die, die hungern nach dem Ende von Hass und Gewalt.

Du meinst nicht die, die von der bösen Welt fordern, sie solle ihnen Gerechtigkeit verschaffen. Nicht die, die die Menschen neben ihnen anklagen, sie würden ihnen nicht gerecht. Nein, selig, die nach Gerechtigkeit hungern für alle. Gott wird sie gebrauchen als Werkzeug der Gerechtigkeit. Sie erbitten Gottes Geist und werden Gerechtigkeit schaffen. Und viele werden durch sie satt werden und leben.

Gerechtigkeit für die Menschen dieser Erde – hier liegt wieder eine der großen Aufgaben der Kirche, heute schon, und in den kommenden Zeiten.

Du sagst: Das Glück werden die Barmherzigen finden, denn sie werden Barmherzigkeit erlangen.

Gemeint sind die Barmherzigen, die eine Hilfe sind dem, der sich nicht selbst helfen kann, die eine Hand sind für den, der seine Hand nicht gebrauchen kann, ein Fuß für den Gelähmten, ein Auge für den Blinden, ein Ohr für den Tauben, Verstand und Herz für den geistig Schwachen, ein Anwalt dem Entrechteten, Trost dem Trostlosen, Zeichen des Glaubens dem Ungläubigen, der Hoffnung dem Hoffnungslosen.

Selig sind, die sich verbünden mit dem, der eines Bundes bedarf gegen Elend, Tod und Einsamkeit, Angst und Verzweiflung. Sie tun, was Gott tut. Selig sind sie, denn sie werden Barmherzigkeit empfangen. Gott lässt sie nicht allein. Wenn auch ihre Bemühung ihre Kraft übersteigt, sie werden Kraft von Gott empfangen. Gott wird ihr Leben segnen. Wer sich gegen Elend, Not und Einsamkeit verbünden will, muss politisch handeln. Es ist wieder eine der großen Aufgaben seit Anbeginn, heute und in allen kommenden Zeiten.

Die Barmherzigen werden glücklich sein. Sie tun, so gut sie es verstehen, so weit es ihnen gelingen will, was Christus für sie tut, und verlassen sich auf ihn. Sie werden mit ihm und mit allen seinen Geschöpfen leben im Frieden der göttlichen Barmherzigkeit.

Du sagst: Das Glück werden finden, die reinen Herzens sind, sie werden Gott schauen.

Das reine Herz ist nicht die kindliche Unschuld, die es nicht gibt. Es ist nicht der Mann mit der weißen Weste gemeint, den es nie gegeben hat. Rein sein ist ein kostbares Geschenk Gottes, und das ist nicht vorzeigbar. Es bedeutet das klare Auge, das sieht. Das offene Ohr, das hört. Denn das klare Auge schaut, was kommt. Und das offene Ohr vernimmt das Wort, von dem Hoffnung ausgeht.

Jesus sagt: Ihr seid rein dadurch, dass mein Wort in euch wohnt, oder, anders gesagt: dass ihr in meinem Wort wohnt. Wem Gott diesen klaren Blick verlieh, der schaut ihn heute an seinem Werk. Er schaut auch in seine Zukunft. Er schaut ihn als den Schöpfer der kommenden Welt. Er gewinnt Hoffnung und hat ein Maß, mit dem er seine eigene Zeit misst, ihre Mächte, ihre Pläne und ihr Elend. Wenn er politisch handelt, wird er es anders tun, als Politik sich sonst abspielt.

Ihr seid rein, sagt Jesus, um des Wortes willen, das ich zu euch gesagt habe. Das Wort gibt den freien Blick. Also kümmere dich nicht um das Vielerlei, sondern um das eine, das not ist. Sei ein-deutig. Sei ein-fältig. Du wirst Gott schauen.

Das Glück werden finden, die dem Frieden Raum schaffen. Sie sind Töchter und Söhne Gottes. Ein Glückwunsch den Söhnen. Nicht »Kinder Gottes« sind gemeint, wenn im »Kind« etwas Rührendes steckt, etwas Gefühliges, etwas Naives. Gemeint sind Söhne, erwachsene Söhne und Töchter Gottes. Wenn die Bibel von einem »Sohn« spricht, meint sie nicht vor allem den Abkömmling, sondern den Bevollmächtigten, den Stellvertreter. Den Mitarbeiter. Der »Sohn« tut das Werk des Vaters. Wer Christus, den »Sohn« sieht, sieht den Vater. Wo der Sohn auftritt, ist der Vater anwesend. Hinter dem Sohn steht die Macht des Vaters, seine Autorität, seine Güte und Barmherzigkeit.

Söhne und Töchter sind daran kenntlich, dass Sie Kriege beenden, nicht daran, dass sie siegen. Daran, dass sie lieber verzichten, als Krieg und Streit fortzusetzen. Es ist eine der großen Aufgaben für die Kirchen in den kommenden Zeiten, Frieden in ihren eigenen Beziehungen zu schaffen, damit sie sich als Friedensstifter auf dieser Erde bewähren können.

Frieden schaffen heißt: Vertrauen schaffen. Freiheit gewähren. Bejahen. Verzeihen. Güte zeigen. Schutz geben. Bergen. Wer das tut, der tut, was Gott tut. Er vertritt ihn auf dieser Erde.

Wem das gegeben wird: Schutz geben, ohne zu fragen, ob er selbst geschützt ist, Freiheit gewähren, ohne zu fragen, ob er selbst seinen Ketten entrinnen darf, Streit beenden, ohne zu fragen, wie viel er dafür hingibt, der ist glücklich. Er ist selbst, was andere durch ihn sind: Empfänger des Friedens.

Du sagst: Das Glück werden finden, die um der Gerechtigkeit willen verfolgt werden, ihnen wird sich das Himmelreich auftun. Wer einer von diesen Wegweisungen nachgeht, wird Widerstand erfahren. Widerstand von denen, die Realpolitik zu treiben meinen. Widerstand von denen, an deren Besitzanspruch er sich wendet. Und Widerstand von allen, denen solches Handeln unheimlich oder verhasst ist.

Christus fand diesen Widerstand, nahm ihn auf sich und starb an ihm. Diese letzte Seligpreisung greift über die Welt hinaus und sagt: Wer den Weg geht, den Christus ging, der wird weitergehen als nur bis in seinen Tod: Er wird heimkehren zu Gott und wird Erfüllung finden. Er wird glücklich sein.

Wir glauben
an das Leben

Nach Jesus ist die Zukunft die alles entscheidende Zeit. Er sagt: Alles ist offen. Alles ist möglich. In allem liegt eine Chance. In allem droht eine Gefahr. In allem findest du einen Auftrag. Tu also, was sich in der Zukunft bewähren wird. Gib die Zukunft nie aus der Hand um etwas, das du jetzt gewinnen könntest.

Für Christen gibt es einen Punkt, an dem sich alles entscheidet über Wahrheit oder Irrtum unseres Glaubens. Es ist der Bericht, der sagt, Jesus Christus sei aus dem Tod in ein neues Leben hinübergetreten. Er sei auferstanden. Darin liegt zugleich die Botschaft an uns, wir hätten nach unserem kurzen Leben eine Auferstehung vor uns und eine Ewigkeit. Und darin liegt zugleich die Botschaft, das ganze Universum sei der sichtbare Vordergrund einer in unmessbare Tiefen hinüberreichenden Welt, und dieser kleine Vordergrund habe eine Wandlung vor sich, deren Ziel Jesus das »Reich Gottes« nennt. Wer die Auferstehung des Toten und Begrabenen von Golgatha für einen Irrtum hält, der macht das ganze Christentum zu einem Irrtum. Der Rest lohnt sich nicht.

Man hat immer wieder versucht, die Auferstehung von damals als Gleichnis zu verstehen, nicht als wirkliches Ereignis. Man sagte: Sie bedeutet, dass, was Jesus gewollt hat, auch für uns gilt. Oder man sagte: Sie bedeutet, dass sein Traum vom Reich Gottes weitergeträumt werden muss. Dass, was er gesagt hat, noch immer Wahrheit ist. Aber die Auferstehung bedeutet, dass Jesus Christus durch den Tod hindurch geführt worden ist und lebt. Nicht die Erinnerung an ihn lebt, sondern er selbst. Und dieser Jesus sagt: Ich lebe – und ihr sollt auch leben. Nichts wird zu Ende sein. Nichts wird umsonst gewesen sein. Ihr werdet den Tod durchschreiten, geführt von der Liebe Gottes. Ihr werdet leben, und zwar in einer neuen Nähe zu Gott.

*

Jesus sagt: Die Auferstehung führt dich zuerst vor ein Gericht, das den Wert oder Unwert deines Verhaltens offen legt. Und dieses Gericht malt er aus, als ginge es dort zu wie vor einem menschlichen Gericht und ende wie hier mit einem Urteil oder mit einem Freispruch. Aber damit nimmt er nur die gewohnten Bilder auf, die seine Hörer vom letzten Gericht ohnehin kannten. Und er sagt: Ich werde es sein, der euch richtet. Damit sagt er zugleich, dass sich die ganze Vorstellung von einem letzten Gericht verändert.

Eine erste Veränderung bestand darin, dass Jesus sagt: »Der Vater richtet niemand. Alle richterliche Vollmacht hat er mir, seinem Beauftragten, übergeben.« Wenn wir sehen, wie barmherzig Jesus mit Kranken und Leidenden, aber auch mit Verdorbenen und Schuldigen umging, so bedeutet diese erste Veränderung eine starke Entlastung. Der Richter ist also nicht ein unbekannter Gott, sondern ein heilender und tröstender Menschenbruder. Dann aber ist der Sinn dieses Gerichts nicht Drohung und Verurteilung, sondern Heimholung, Heilung, Einbeziehung. Es wäre gut, wir hätten dies im Auge, wenn wir den Satz des Glaubensbekenntnisses sprechen, Jesus werde wiederkommen, zu richten die Lebenden und die Toten. Der Satz ist im Grunde eine Befreiung. Eine Erlösung. Das Ende einer untragbaren Last und Angst.

Aber noch einmal verändert Jesus das Bild vom Gericht. Er sagt: Auch ich selbst werde nicht eigentlich der Richter sein. »Wer meine Worte hörte, den werde nicht ich richten. Ich bin nicht gekommen, die Welt zu verurteilen, sondern sie zu erlösen. Vielmehr wird das Wort, das ich zu euch geredet habe, der Richter sein.« Damit aber rückt das Gericht in uns Menschen selbst herein und spielt sich ab zwischen dem, was wir hörten und wussten, und dem, was wir danach taten, als ein Erschrecken also und Erkennen in uns selbst. Wir sprechen uns selbst das Urteil. Aber eben mit dieser neuen, ernüchternden Kenntnis unserer selbst werden wir an den Tisch gerufen, an den der große Versöhnende uns einlädt. Wir sehen klar über uns selbst, und wir sind bejaht. Aber über diesen Sinn des Glaubens an ein letztes Gericht sagt unser Glaubensbekenntnis leider nichts. Gilt das aber, so wird niemand in einer ewigen Hölle versinken. Die Güte Gottes wird stärker sein als unsere Verkommenheit.

*

Im übrigen malt Jesus über das Leben, das uns erwartet, anschauliche Bilder oder erzählt Geschichten, die uns eine Ahnung geben sollen von den Erfahrungen, die wir machen werden. Er erzählt von einem Fest, zu dem wir eingeladen seien. Von einer Hochzeit. Von der Bewirtung der Hungrigen, die von einer Landstraße kommen. Von einem Sohn, der seinem Vater weglief, der am Ende aber zurückkehrte und der von seinem Vater in Liebe aufgenommen wurde. Er erzählt von einem Tisch, der Brot und Wein bereithält. Bilder, die voll sind von Hoffnung und Trost.

Jesus sagt mit alledem: Du hast ein Recht bekommen zu leben, ehe du es dir verdienen konntest. Und du wirst das Leben der Seele nicht verlieren, wenn du es eigentlich verwirkt hättest. Warte auf das, was Gott tut. Und dann tu, was Gott erwartet. Das ist alles. Nichts beruht auf Leistung und Bewährung. Du musst nicht, du darfst. Das ist der Ursprung aller Hoffnung.

Jesus sagt: Es geht in dieser Welt nichts verloren. Es gibt keinen Zufall. Es kann dir nichts geschehen. Du bist nie allein. Es lohnt sich zu leben. Du kommst aus einem Plan Gottes, und du wirst den Sinn erkennen, der in diesem Plan lag. Du kommst aus dem Licht, und du wirst ins

Licht gehen. Gott aber wird bei dir sein dort, wo du ihn am nötigsten brauchst. Er ist größer als dein Herz, das dich anklagt. Er weiß alles. Dass Gott nahe ist und sieht, ist der Anfang des Friedens in dir selbst und überall, wo Menschen wohnen.

Glaube ist ein Sprung über den eigenen Unglauben. Er ist das Vertrauen, dass dich einer auffängt, wenn du springst. Glaube ist ein Weitergehen, wenn du keinen Weg siehst. Glaube ist ein Sich-verändern-lassen, auch wenn es schmerzt. Ein Vertrauen darauf, dass etwas wächst in deiner Arbeit nach außen und in deiner Arbeit nach innen. Du wirst dich selbst neu empfangen. Was du gewesen bist und was Gott aus dir machen wird, wird eins sein. Du wirst nicht in Schönheit beginnen und in einer Ungestalt enden, sondern du wirst dein Ziel in deiner eigenen Gestalt erreichen.

*

Dass es so ist, das habe ich im Laufe eines langen Lebens immer wieder erfahren, wenn ich in irgendeiner Weise an der Grenze stand zur anderen Welt. Unser Leben ist keine graue Sackgasse mit nachtschwarzem Ende in der Enge des Nichts. Wir gehen vielmehr aus der Dunkelheit ins Licht, vom Licht ins Dunkel und am Ende ins Licht. Wir werden die sein, die wir wirklich sind. Wir werden neu sein aus den Gedanken Gottes. Wir werden den Sinn unseres Daseins und das Geheimnis der Welt klarer sehen. Und mehr als dies müssen wir, solange wir auf dieser Erde sind, nicht wissen.

Wir glauben an die Wandlung aller Dinge

Als die Tage vergangen waren, in denen die Freunde den Meister in seiner andersartigen, lichten und transparenten Gestalt gesehen hatten und sie wussten: Dies ist der Abschied!, sprachen sie von seiner »Himmelfahrt«. Aber sie meinten nicht, wenn sie »Himmel« sagten, irgendeinen fernen Ort über den Wolken. Himmel ist ein Wort für die Nähe des unzugänglichen Gottes. Himmel ist, wo Gott ist. Gott aber ist überall. Oben und unten. Innen und außen. Fern und nah. Er ist, wo wir leben, er ist in uns wie in allen Dingen und Wesen, und er ist jenseits aller Grenzen unserer Erkenntnis. Wenn Christus in Gott ist, dann hat er seine Bedeutung nicht nur für uns Menschen, sondern auch für das All. Dann ist die Welt nicht nur voll von Gott, sondern auch vom Geist des Christus. Gott gewinnt für uns ein vertrautes Gesicht. Das wollten sie sagen, wenn sie von »Himmelfahrt« sprachen.

Das bedeutet: Es gibt ein Ziel für die Weltgeschichte, wie es ein Ziel für uns einzelne Menschen gibt. Es bedeutet: Die Schöpfung geht weiter. Die ganze Welt geht einer Wandlung entgegen. Einer neuen Gestalt. Wenn Jesus vom

Reich Gottes sprach, dann meinte er dies: Alles, was eine Religion wollen kann, ist die Wandlung eines Menschen. Die Wandlung der Dinge. Die Wandlung der Welt. Aller Gottesdienst hat das Ziel einer Wandlung. Und das wiederum bedeutet, dass für die Wandlung der Dinge unsere eigene, menschliche Wandlung von Bedeutung ist. Und dass der Mensch mit seiner kleinen Kraft einen Auftrag hat, der alle Dinge berührt. Der christliche Glaube sagt so: Du kannst ein Erfinder werden, ein Herrscher, ein Genie, ein Heiliger – das alles ist weniger, als ein Werkzeug zu sein in der Hand Gottes. Du kannst ein Mund werden, durch den Gott spricht. Ein Auge, mit dem Gott die Menschen ansieht. Ein Ohr, das die Klagen der Menschen hört, eine Hand, mit der Gott wirkt. Er sieht, er hört, er wirkt natürlich auch ohne dich. Aber dir ist das Vorrecht gegeben, ein Instrument zu sein, das er führt.

*

Jesus erzählt Geschichten darüber, wie es zugehe, wenn das Reich Gottes kommt. Wenn also die Wandlung der Dinge geschieht. Und die Menschen haben ihn gefragt: Wann kommt es? Es dauert zu lange. Darauf antwortet Jesus: vielleicht diese Stunde. Vielleicht morgen. Niemand kann es wissen. Ich warne euch vor denen, die behaupten, es zu wissen. Ich warne euch auch vor denen, denen das lange Warten den Mut abgekauft hat.

Aber was können wir tun, damit es kommt?, fragten die Leute. Und wir antworten: Du hörst Stimmen, die sagen:

Wir bringen das Paradies! Und die durch Blut und Tränen gehen, damit es kommt. Du hörst, wie sie sagen: Wir bringen das Reich der Gerechtigkeit!, während sie über die Rechte der Menschen hinwegmarschieren. Wie sie sagen: Wir bringen den Frieden!, und dann den Frieden bringen mit Gewalt, mit Waffen, mit Krieg und Zerstörung. Wie sie sagen: Wir bringen Sicherheit! Und eine Sicherheit bieten, die in der Auslöschung aller Freiheit besteht. Hört nicht hin! Geht nicht mit! Stellt euch auf das Ziel »Reich Gottes« ein und tut das Eure. Lasst euch Träumer schelten von den Realisten. Von denen, die sagen: Mit beiden Beinen muss der Mensch auf der Erde stehen! Lass dir sagen: Wer ein Ziel erreichen will, muss gehen. Wer mit beiden Beinen auf der Erde steht, der kommt nicht vorwärts.

Vertraut darauf: Diese ganze Welt ist nicht dem Untergang geweiht. Sie hat eine Vollendung vor sich. Der Schöpfer ist auch der Vollender. Komm, geh diesen Weg, sagt Jesus. Er meint den Weg derer, die hoffen und denen das Ziel ihrer Hoffnung gewiss ist.

Wir gehen gelassen durch den Tag

Die Bibel gibt uns ein Lied, das wir nachsingen können. Den 121. Psalm. Er gehört zu den Worten des Vertrauens, die sich eignen, dass wir sie mit unseren eigenen Worten nachsprechen so, wie es uns unser gegenwärtiges Leben nahe legt. Dann lautet er so:

Nein, ich will nicht verzagen, Gott.
Ich will den Kopf nicht hängen lassen.
Ich will ihn heben und aufsehen zu dir.

Wer soll mir helfen? Das kannst allein du.
Du hast den Himmel gemacht und die Erde,
und auch mein kleines Schicksal liegt in deiner Hand.

Du gibst meinem Schritt Klarheit und Frieden.
Du bist selbst der Weg, den ich gehe.
Vor mir liegt mein Ziel.

Du behütest mich, auch wenn ich meine,
du seiest in weiter Ferne.
Du bist neben mir, über mir, in mir.

Du, Vater, begleitest mich wie ein großer Schatten.
Du bist über mir wie ein Schutz,
wenn ich durch eine heiße Wüste wandere.

Keine Gefahr kann mir drohen
bei Tage, wenn ich mein Werk tue
und die Menschen um mich sind.

Und bei Nacht, wenn ich einsam bin,
wenn Zweifel mein Herz füllt
oder Schuld mich quält.

Du behütest alle meine Anfänge,
die ich versuche, und alles,
was ich abschließe und vollende.

Du bist um mich, wenn ich aufbreche
und wenn ich heimkehre.
Darauf verlasse ich mich.

Und das gilt für diesen Tag ebenso
wie für alle Ewigkeit.